SUSANNE NÜSSLEIN-MÜLLER

HOCHBEET GÄRTNERN

Monat für Monat · Das Praxisbuch

BLV

Was Sie in diesem Buch finden

Hochbeete – Gärtnern auf hohem Niveau 7

Leckeres ernten vom eigenen Beet 8
- Hochbeete haben viele Vorteile 8
- Mit Hochbeeten nachhaltig gärtnern 9
- Hochbeete als Gestaltungselement 9
- Hochbeet 2.0 – die Küchengarten-Box 10
- Auf gute Nachbarschaft 11

Eigenbau oder Fertigmodell von der Stange 12
- Stecksysteme sind praktisch für Mietgärten 13

Die Küchengarten-Box 15

Die Bauanleitung 16
- Alles aus dem Baumarkt 16
- Den richtigen Standort wählen 16
- So wird gebaut 16

Pflanzplan für die Küchengarten-Box 23

Hochbeet-Praxis Monat für Monat — 26

Januar	27
Februar	31
März	35
April	41
Mai	47
Juni	53
Juli	59
August	65
September	71
Oktober	77
November	83
Dezember	87

Anhang — 90

Kulturtabelle für Gemüse im Hochbeet	90
Adressen, die Ihnen weiterhelfen	92
Stichwortverzeichnis	93

Hochbeete – Gärtnern auf hohem Niveau

Der Anbau von eigenem Gemüse und Kräutern ist heute ein Stück Lebensqualität und Ausgleich für Hektik und Stress des täglichen Lebens und nicht mehr existenziell nötig, wie es früher häufig war. Gemüse im Hochbeet anbauen heißt einfacheres Arbeiten, reichere Ernten, mehr Genuss. Das entdecken immer mehr Gartenfreunde, denn das Ergebnis überzeugt.

Leckeres ernten vom eigenen Beet

Frisches Gemüse, aromatische Kräuter und leckeres Obst wachsen zu sehen, selbst ernten und genießen zu können macht Spaß. Trends wie Urban Gardening, Gemüse-Mietgärten und vegane Ernährung zeigen das große Interesse an einer neuen Form von Selbstversorgung. Vor allem immer mehr junge Familien mit Kindern entdecken die Freude am eigenen Obst- und Gemüseanbau. Wie lässt sich Kindern besser vermitteln, wie lecker Gemüse ist, wenn nicht mit einer frisch aus der Erde gezogenen knackigsüßen Möhre aus dem eigenen Beet?

Die meisten Privatgärten heute sind eher klein und die wenigsten Gartenbesitzer haben ausreichend Platz für einen eigenen Küchengartenbereich, aber ein paar Quadratmeter für ein Hochbeet finden sich fast immer. Auf ihm lässt sich bei geringem Platzangebot beinahe rund ums Jahr immer etwas ernten, wenn man die Fläche geschickt ausnutzt.

Hochbeete haben viele Vorteile

Das Gärtnern auf dem Hochbeet bietet viele Vorzüge. Nicht alle liegen dabei so klar auf der Hand wie das ergonomische und rückenfreundliche Gärtnern auf normaler Arbeitshöhe. Ohne Bücken oder Hocken im Beet, ohne schmutzige Knie oder schmerzende Lendenwirbel lassen sich alle Arbeiten im Beet leicht und ohne altersbedingte Nachteile durchführen. Ob man aussät, zwischen den Gemüsereihen Unkraut jätet oder Bohnen pflückt – alles geht im Hochbeet besser von der Hand.

Zum anderen produziert das im Inneren des Beetes verrottende Material aus Astschnitt, Stauden- und Küchenabfällen Wärme und setzt laufend Nährstoffe frei. Die Pflanzen im Hochbeet lassen sich auch gezielter gießen und düngen. Dies alles kommt den Gemüse- und Kräuterkulturen zugute. Die Pflanzen wachsen besser

Auch Radieschen wachsen im Hochbeet schneller heran und bringen so früher erste Ernten.

und bringen höhere Erträge trotz geringem Platzbedarf.

Der Hochbeet-Rahmen speichert die Sonnenwärme. im Frühjahr erwärmt sich die Erde darin schneller, zu viel Nässe durch Tau- oder Regenwetter fließt, bedingt durch den geschichteten Aufbau, besser nach unten ab. Dadurch lässt sich vom Hochbeet früher und länger ernten als dies bei einem normalen Gemüsebeet möglich ist.

Noch länger und intensiver kann man das Hochbeet nutzen, wenn man es den Winter über mit einem Frühbeetaufsatz versieht oder mit einem Folientunnel oder Gartenvlies abdeckt. So kann man länger ernten und früher aussäen.

Mit Hochbeeten nachhaltig gärtnern

Mit selbst angebautem Gemüse tut man nicht nur sich selbst und seiner Gesundheit etwas Gutes. Man leistet auch einen Beitrag zu einer nachhaltigen, umweltschonenden Lebensweise. Im eigenen Hochbeet angebautes Gemüse muss nicht intensiv gedüngt oder elektrisch gewässert werden, es wird nicht mit Pflanzenschutzmitteln behandelt und hat keinen energieaufwendigen Transport vom Erzeuger über den Handel hin zum Verbraucher hinter sich. Man geht in den Garten, erntet und verarbeitet dann das superfrische Gemüse zu leckeren gesunden Speisen. Wenn man dann noch die anfallenden Küchen- und Gartenabfälle nicht in der Biotonne entsorgen lässt, sondern in einem Thermokomposter selbst kompostiert und den fertigen Kompost wieder in das Hochbeet zurückführt, macht man einen weiteren wichtigen Schritt hin zu einem sinnvollen Energiekreislauf.

> **TIPP** Sechs gute Gründe für das Gärtnern auf dem Hochbeet
> - Rückenfreundliches, entspanntes Arbeiten auf Arbeitshöhe.
> - Sonnenenergie erwärmt Beet und Erde für frühere Aussaaten.
> - Gartenabfälle können sinnvoll genutzt werden und liefern Wärme.
> - Gezieltes Gießen optimiert die Wachstumsbedingungen.
> - Geringer Platzbedarf, die Beetfläche lässt sich optimal nutzen.
> - Kaum Probleme mit Schnecken oder Wurzelunkräutern.

Hochbeete als Gestaltungselement

Hochbeete aus fein gehobeltem hochwertigem Holz oder auch aus Metall können dekorative Gartenelemente sein und brauchen nicht in hintere Gartenecken verbannt zu werden. Sie können auch direkt in Terrassennähe stehen, setzen farbig lasiert Blickpunkte oder bieten Sicht- und Windschutz. Auf kurzem Weg hat man Kräuter und Gemüse schnell zur Hand. Bunte Gemüsesorten wie rotblättrige Salate, gelb-roter Mangold oder gelbe Zucchini bringen Farbe aufs Beet. Durch orangefarbene Ringelblumen oder bunte Kapuzinerkresse ergänzt, wird das Beet im Sommer zum blühenden Mittelpunkt. Gleichzeitig liefern die Blumen essbare Blüten für Salate oder Suppen.

Hochbeet 2.0 – die Küchengarten-Box

Extra für dieses Buch wurde die **Küchengarten-Box** entwickelt, eine Kombination aus klassischem Hochbeet, Kräuter-Rondell und halbhohem Pflanzkasten, z. B. für rankendes Gemüse wie Stangenbohnen oder Tomaten. Die Bauanleitung finden Sie ab Seite 14.

Für die Küchengarten-Box braucht man nicht unbedingt einen eigenen Garten. Sie lässt sich auch im städtischen Bereich in Hinterhöfen und Gärten von Mietshäusern aufbauen und bewirtschaften. Kompost- und Pflanzerde liefern dann Recyclinghöfe oder das Gartencenter. Auch in der Grundstückspflege anfallende Strauch- und Pflanzenabfälle eignen sich für das Füllen des Beetes.

Für junge Familien ist die Küchengarten-Box besonders wertvoll, da sie zusammen mit ihren Kindern gärtnern können. Im niedrigen Pflanzkasten liefert ein eigenes Kinderbeet mit Radieschen, Erbsen und Monatserdbeeren schnelle Ernten für kleine Naschmäuler. Das selbst herangezogene Gemüse vom eigenen Beet schmeckt auch den Kindern, die sonst lieber zu Pommes und Hamburgern greifen.

Mit einem Hochbeet und Kräuter-Rondell an der Terrasse hat man Gemüse und Kräuter schnell zur Hand.

TIPP So befüllen Sie Ihr Hochbeet richtig

- Zuunterst kommt eine Schicht Holzschnitt aus groben Ästen, Zweigen und Häcksel sowie Laub.
- Darauf kommen die eventuell bei der Anlage abgestochenen Rasensoden mit der Erdseite nach oben.
- Nun füllt man eine Schicht halbreifen Kompost ein, die später beim Verrotten Wärme freisetzt.
- Zuoberst kommt eine mindestens 15 cm dicke Pflanzschicht aus feinem reifem Kompost, gemischt mit Gartenerde oder gekaufter Pflanzerde.

Auf gute Nachbarschaft

Wie in normalen Grundbeeten ist auch auf dem Hochbeet das richtige Miteinander der einzelnen Gemüsearten wichtig für erfolgreiche und üppige Ernten. Die Pflanzen sollten nicht unnötig um Platz und Nährstoffe konkurrieren müssen. Ideal sind z. B. Kulturen, bei denen die eine oberirdisch mehr Platz braucht und die andere im Wurzelbereich, so wie bei Salat und Kohlrabi. Auch gibt es zwischen bestimmten Gemüsesorten Wechselwirkungen, was die Abwehr von Schädlingen betrifft. So hält Salat, neben Kohlrabi oder Radieschen gepflanzt, Erdflöhe von diesen Kulturen ab. Welche Gemüsepflanzen zueinander passen, finden Sie auf Seite 90–91 in der Kulturtabelle.

Im Hochbeet kann auf engem Raum gewirtschaftet werden, wenn man die richtigen Gemüse zusammenpflanzt.

Eigenbau oder Fertigmodell von der Stange

Hochbeete sind mit ein wenig handwerklichem Geschick schnell selbst gebaut. In den letzten Jahren hat das Thema aber auch einige Firmen inspiriert, Bausätze für Hochbeete in Holz, Metall oder Kunststoff zu entwickeln und zu vermarkten. Vom bis ins Detail durchdachten und mit hochwertigen Materialien hergestellten Design-Hochbeet bis hin zum halbhohen Pflanzkasten aus einfachem Fichtenholz als Einstiegsmodell ist alles dabei.

Gute Qualität macht sich dabei mit den Jahren auf jeden Fall bezahlt. Hölzer wie Lärche oder Douglasie sind besonders beständig, da ihr Holz einen hohen Anteil an natürlichen Gerbstoffen und Ölen hat, was die Bretter deutlich witterungsbeständiger macht als zum Beispiel Fichtenholz. Ein zusätzlicher Anstrich mit natürlichem Holzöl erhöht den Schutz noch. Die Materialstärke des Holzes sollte mindestens 19 mm betragen. Der Innenraum

Halbhohes Hochbeet aus grauen Kunststoff-Bausteinen mit Frühbeetaufsatz (Juwel).

Hochbeete aus Weidenruten haben einen natürlichen Charme, sind aber nicht so haltbar.

muss mit einer wasserundurchlässigen Schicht ausgekleidet werden wie etwa mit EPDM-Kautschuk-Teichfolie oder einer PE-Noppenbahn.

Stecksysteme sind praktisch für Mietgärten

Für Mietgärten oder den städtischen Bereich sind Modelle interessant, die man bei Bedarf leicht wieder auseinanderbauen und ohne viel Mühe beim Umzug mitnehmen und an anderer Stelle wieder aufbauen kann. Dafür bieten sich Beete mit Stecksystemen an, bei denen die Bretter nicht einzeln verschraubt sind, oder Hochbeettypen im Baukastenprinzip aus Kunststoff-Bausteinen. Letztere sind auch besonders langlebig.

Für hochwertige Beetsysteme gibt es praktische Zusatzelemente wie eine eingebaute Schneckenabwehrkante oder einen passenden Frühbeetaufsatz. Auch ein Wühlmausschutz ist häufig mit dabei. Die Beete sind aus hochwertigem Holz und ersparen durch Lieferung frei Haus den eigenen Transport.

Hochbeete müssen auch nicht immer rechteckig sein, mit Metall oder Mauersteinen lassen sich auch runde oder länglichovale Formen verwirklichen.

Abgerundete Kanten hat dieses Beet aus mit Zink und Alu veredeltem Metall (Vitavia).

Aus bayrischer Lärche ist dieses Beet-Modell mit Frühbeet-Abdeckung (Emmabeet).

Die Küchengarten-Box

Dieses dreiteilige Hochbeet kann man mit wenig Mühe an einem Wochenende selbst bauen – auch mit wenig handwerklicher Erfahrung. Die Materialien hierzu findet man preiswert in fast jedem Baumarkt. Die Kombination aus Hochbeet-Element, Kräuter-Rondell und flachem Pflanzkasten bietet Platz für vielerlei Gemüse und aromatische Kräuter. Sie ist auch für kleine Gärten ideal, ein kompletter Mini-Küchengarten.

Die Bauanleitung

Die Küchengarten-Box – ein Standardhochbeet mit zwei Erweiterungs-Elementen – kann man komplett oder auch nur als einfaches Hochbeet mit 2 × 1,20 m Grundfläche bauen. Je nachdem, wie viel Platz man zur Verfügung hat. Mit Kräuter-Rondell und flachem Pflanzkasten ist sie 3,35 × 1,20 m groß und 95 cm hoch.

Alles aus dem Baumarkt

Alles, was man für die Küchengarten-Box braucht, gibt es in jedem größeren Baumarkt zu kaufen. Im zeitigen Frühjahr findet man das Bauholz, hier Universalbretter aus Douglasie in zwei Standardlängen, oft sogar günstig im Sonderangebot.

Aus den 2-Meter-Brettern werden die beiden Längsseiten des Beetes gebaut. Die 3-Meter-Bretter lässt man im Baumarkt gleich in zwei Bretter à 1,20 m sägen und erhält dabei 60 cm lange Reststücke. Das Zuschneidenlassen spart viel Arbeit und erleichtert den Transport nach Hause. Aus diesen Zuschnitten entstehen die Stirnseiten des Hochbeetes, die 60 cm langen Bretter können für den Pflanzkasten an der Nordseite des Hochbeetes verwendet werden.

Die Vierkantpfosten lässt man jeweils in der Mitte auf 1,10 m Länge durchsägen.

Den richtigen Standort wählen

Man wählt für Hochbeete wie die Küchengarten-Box einen Platz, der mindestens 6 bis 7 Stunden Sonne am Tag bekommt. Die Box wird der Länge nach in Nord-Süd-Richtung aufgestellt, das Kräuterbeet zeigt nach Süden. Ideal wäre ein Laub abwerfendes Gehölz südlich der Box, das diese im Sommer in der Mittagszeit beschattet, im Frühjahr und Herbst aber die wärmenden Sonnenstrahlen auf das Beet lässt.

Günstig ist es auch, wenn ein Wasseranschluss oder eine Regentonne in der Nähe ist, um die Bewässerung zu erleichtern.

So wird gebaut

Hochbeet-Element

Am besten baut man die Seitenteile für den Beetrahmen auf einem trockenen, sauberen Untergrund auf und transportiert sie dann an

Alle Materialien zum Bau des Beetes sollte man sich auf einem sauberen Untergrund bereitlegen.

Materialliste

Hochbeet-Element:
- 22 Universalbretter Douglasie, 19 mm × 95 mm × 2000 mm
- 11 Universalbretter Douglasie, 19 mm × 95 mm × 3000 mm
- 3 Vierkantpfosten 7 × 7 × 210 cm, hochdruckimprägniert
- 7 m² Noppenbahn aus Spezial-PE (Breite 100 cm)
- 1 Gewindestange M8, 200 cm lang
- 4 Muttern M8
- 2 Unterlegscheiben D1
- 2 Packungen Edelstahlschrauben Spax T 20 4 × 40 mm (125 + 250 Stück)
- 1 Rolle 6-Eck-Geflecht aus verzinktem Eisen (75 cm × 10 m) mit Maschenweite ca. 15 × 20 mm
- 2 × 0,75 ml Holzöl für Douglasienholz.

Kräuter-Rondell:
- 2 Rollpalisaden 30 × 200 cm
- 8 Edelstahl-Schrauben (siehe links)
- 1 Stück Teichfolie (ca. 1,20 × 1,00 m)
- 5 Kalksandsteine 240 × 115 × 71 mm
- 1 Sack Kieselsteine
- ½ Schubkarre Sand.

Pflanzkasten:
- 1 Dachlatte 40 × 60 × 200 mm
- 2 Winkel-Verbinder aus Edelstahl (40 × 40 × 2 mm)
- 52 Edelstahl-Schrauben (siehe links)
- 1 Stück Teichfolie (1,20 m × 30 cm).

Werkzeuge:
Akkuschrauber, Bohrmaschine, Cutter, kleine Eisensäge, Elektro-Tacker, Hammer, Holzbohrer Gr. 10,5, Wasserwaage, Winkeleisen, Zollstock.

---

den endgültigen Standort. Soll das Beet auf einer Fläche stehen, wo vorher Rasen war, trägt man die Rasensoden zunächst ab und lagert sie zwischen. Steht das Beet direkt auf Erde, am Standort den Boden auf der Beetfläche von 2 × 1,20 m etwa 10 cm tief ausheben.

Alle Materialien bereitlegen und los geht's. Zuerst wird ein Seitenteil gebaut, dann das zweite. Diese werden an beiden Stirnseiten mit je zwei Brettern à 1,20 m oben und unten zu einem rechtwinkeligen Rahmen verbunden. Diesen baut man am Beet-Standort mit den restlichen Stirnbrettern fertig.

Das Beet mit den Pfosten etwas in die Erde klopfen und das Ganze mit einer Wasserwaage ausrichten. Dann werden in beide Mittelpfosten auf etwa 50 cm Höhe die Löcher für die Gewindestange zur Stabilisierung gebohrt. Nun kommt die Noppenbahn in das Beet, wird rund herum gerade ausgerichtet und am oberen Rand festgetackert. Danach wird das Schutzgitter gegen Wühlmäuse auf dem Boden des Hochbeetes ausgelegt und ebenfalls festgetackert. Dann kann das Beet befüllt werden. Erst danach wird der obere Ablagerand des Beetes aufgeschraubt.

Pflanzkasten

Der flache Pflanzkasten an der Nordseite des Beetes kann aus den Abschnitten der 3 Meter langen Bretter gebaut werden, die beim Zuschnitt der Längsseitenbretter angefallen sind. Diese reichen für eine Beethöhe von knapp 30 cm. Die Bretter werden mithilfe eines Winkeleisens mittig und rechtwinklig an ein Stück Dachlatte von etwa 40 cm Länge geschraubt. Gegengleich werden noch einmal drei Restbretter auf der anderen Seite festgeschraubt. Das ergibt die Stirnseite des Beetes.

An beide Enden wiederum ein Stück Dachlatte schrauben und daran die restlichen Bretter, sodass ein dreiseitiger Rahmen entsteht. Dieser wird dann an das Hochbeet geschraubt. Den Pflanzkasten von innen mit Teichfolie auskleiden, Drahtgeflecht gegen Wühlmäuse einlegen, festtackern und mit Erde füllen.

Kräuter-Rondell

Für die untere Etage des Rondells die Erde an der südlichen Stirnseite des Beetes im Halbkreis etwa 6 cm tief ausheben. Eine Rollpalisade ausrollen und so aufstellen, dass die vordere Mitte etwa 75 cm von der Stirnseite des Beetes entfernt ist. Die beiden Enden mit je zwei Schrauben am Hochbeetrahmen befestigen. Ein Stück Teichfolie als Nässeschutz an die Stirnseite des Hochbeetes tackern. Die Kalksandsteine als Basis für die obere Kräuteretage im Halbrund aufstellen. Die zweite Rollpalisade auf die entsprechende Länge bringen, indem man mit einer Kneifzange die Drähte zwischen den Hölzern des Borders durchtrennt. Dann die Rollpalisade auf den Steinen ausrichten und an der Hochbeetwand festschrauben. Auch auf Höhe der zweiten Etage wird noch ein Stück Teichfolie als Nässeschutz an der Hochbeetwand befestigt.

Den Untergrund des inneren Halbkreises mit Kies und Geröll auffüllen. Zum weiteren Auffüllen des Rondells den Erdaushub mit Kräutererde und Sand mischen und einfüllen. Diese Drainage sichert einen guten Wasserablauf für mediterrane Kräuter.

Bauanleitungen

Hochbeet-Element

1. So sieht die fertige Küchengarten-Box aus.
2. Zuerst die Seitenteile des Beetes bauen. Das erste Brett oben bündig auf drei Pfosten legen, den Stand des Mittelpfostens festlegen und das Brett an die Pfosten schrauben. Zum Stabilisieren am unteren Ende ein zweites Brett anschrauben.
3. Nun fortlaufend die übrigen Bretter jeweils mit zwei Schrauben an die Pfosten schrauben.
4. Das zweite Seitenteil ebenso bauen und mit zwei Stirnbrettern zu einem Rahmen verbinden.
5. Das Beet an den endgültigen Standort bringen, gerade ausrichten und die Stirnseiten fertigstellen.
6. Unten im Hochbeet das Wühlmausgitter ausrollen und an den Rändern festtackern.
7. Die Noppenbahn ringsherum ausrichten und am oberen Beetrand ebenfalls festtackern.

DIE BAUANLEITUNG | 19

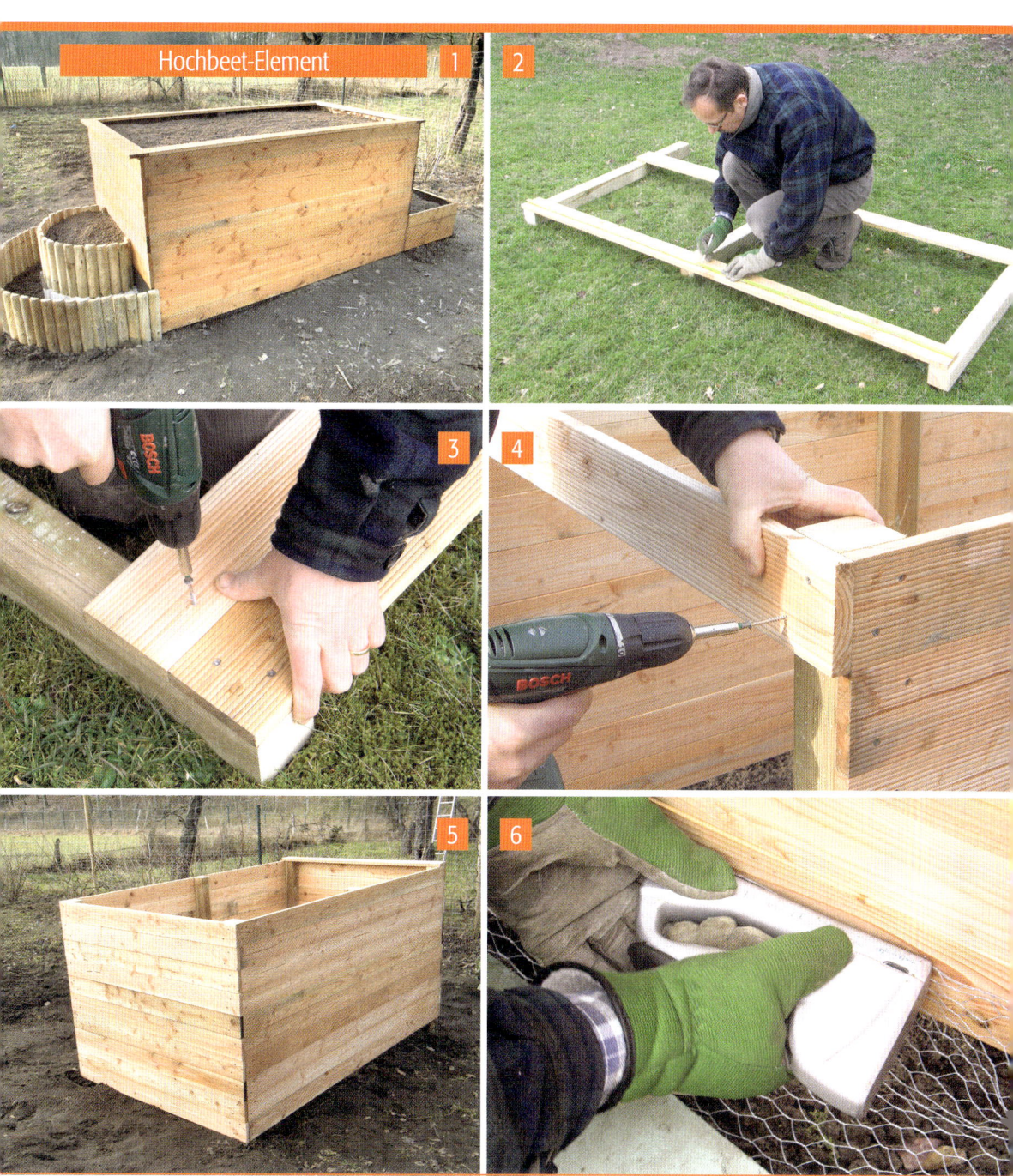

Hochbeet-Element

8 Durch beide Mittelpfosten auf halber Höhe ein 10,5-mm-Loch bohren und die Gewindestange quer durch den Beetkasten stecken (kleines Foto), außen mit Muttern sichern und überstehende Stangenreste absägen.
9 Nun kann befüllt werden: Zuunterst dicke Äste und Baumstubben einfüllen.
10 Darauf kommt eine Schicht Strauch- und Staudenschnitt.
11 Zuoberst dann erst eine Schicht halbreifen Kompost und zuletzt 15 cm reifen Kompost oder Pflanzerde einfüllen.
12 Nun die Abschlusskantenbretter seitlich bündig und an den Stirnseiten mit etwas Überstand anschrauben.

Pflanzkasten

13 Aus den 60-cm-Brettabschnitten und drei ca. 40 cm langen Kantholz-Stücken die Vorderseite des Pflanzkastens herstellen.
14 An beiden Seiten drei weitere 60-cm-Bretter und ein Stück Kantholz als Seitenteil anschrauben.
15 Beetkasten an der Nordseite festschrauben und innen mit Teichfolie auskleiden.

Kräuter-Rondell

16 Rollborder im Halbkreis an der Süd-Stirnseite des Hochbeetes aufstellen und anschrauben.
17 Die Hochbeetwand mit einem Stück Teichfolie gegen Nässe schützen. Kalksandsteine im Halbkreis aufstellen, ein 145 cm langes Stück Rollborder daraufstellen und festschrauben.
18 Diese Etage zuunterst mit Kies füllen. Beide Beet-Etagen mit sandiger Erde auffüllen.

Kräuter-Rondell

Hochbeet-Tuning

Um das Beet noch attraktiver und vielfältiger nutzbar zu machen, hier noch ein paar Tipps:

- Für einjährige Kräuter wie Dill, Basilikum oder Koriander auf einer Längsseite einen Blumenkasten oder ein Metallgestell für Töpfe anhängen.
- Ein länglicher Metallgriff dient als Aufhängeschiene für Gartengeräte, Schere und kleinen Topf für Zubehör wie Pflanzetiketten und Ähnliches (siehe Foto Seite 52).
- An der Südseite kann man Nützlingsquartiere für Marienkäfer und Co. anbringen, deren Bewohner den Schädlingsbefall auf dem Beet minimieren sollen (siehe Foto Seite 40).
- An der Beetumrandung Edelstahl-Metallösen anbringen, in die man Metallbögen oder Weidenruten stecken kann, um Folien- oder Vliestunnel aufrecht zu halten.
- Kupferband, rundherum an das Hochbeet geklebt, kann Schnecken abhalten. Auch spezielle Schneckenkanten, an den oberen Außenrändern des Hochbeetes installiert, bewirken dies.
- Ein kleiner Klapptisch an der Längsseite schafft Ablagefläche für Arbeiten wie Aussaat oder Ernte.
- Eine Holzscheibe mit Eigentümer-Namen oder Gärtner-Motto ist zugleich Deko und Hingucker.

Pflanzplan für die Küchengarten-Box

Um ein Hochbeet wie die Küchengarten-Box intensiv zu nutzen, sollte es vom Frühjahr bis weit in den Herbst hinein bepflanzt sein und man immer etwas ernten können. Man verwendet am besten Kulturen, die, einmal gesät oder gepflanzt, eine lange Erntezeit haben, wie Pflücksalat, Rucola (Rauke) und Zucchini, oder solche, die in der Vor- und Nachsaison eine kurze Kulturdauer und geringe Platzansprüche haben, wie Radieschen.

Um den Platz gut auszunutzen, pflanzt man rankende Gemüse wie Kürbisse oder Gurken und Kapuzinerkresse an den Rand, von wo aus sie über das Hochbeet heraushängen können.

Bei allem ist auf ein gutes Miteinander der Pflanzen zu achten und Kombinationen zu wählen, die in der Mischkultur bereits erprobt sind (siehe auch Kulturtabelle Seite 90–91).

Es ist auch zu empfehlen, nebenbei in Saatkisten Nachwuchs z.B. von Kopfsalat, Kohlrabi oder Rucola (Rauke) bereitzuhalten, um Lücken zu füllen. Wer sich nicht die Mühe machen will, alles selbst auszusäen, findet eine große Auswahl von Gemüse-Setzlingen von April bis in den Sommer hinein in Gartencentern und auf dem Wochenmarkt. Einige Gemüsearten wie Möhren oder Radieschen müssen aber immer direkt gesät werden.

Die Pflanzpläne auf den nächsten Seiten sind ein Beispiel, wie die Bepflanzung eines 120 × 200 cm großen Hochbeetes im zeitigen und späten Frühjahr, im Früh- und Spätsommer sowie im Herbst aussehen kann.

Das alles wächst im Kräuter-Rondell

Die obere Etage ist für mediterrane Kräuter reserviert wie Salbei, Thymian, Rosmarin und Oregano. In der unteren Etage haben seitlich die höheren Kräuter wie Minze oder Zitronenmelisse Platz zum Wachsen und nach vorne hin pflanzt man niedrigere Kräuter wie Schildampfer, Basilikum, Schnittlauch, Petersilie und Zitronen-Tagetes.

Auf dem Kräuter-Rondell finden etwa ein Dutzend verschiedene Kräuter Platz.

Auf dem Hochbeet ist die erste Aussaat im Jahr erfolgt und schon bald kann man erstes zartes Grün ernten. Am besten deckt man das Beet noch mit Vlies ab, um die jungen Pflanzen vor Spätfrösten zu schützen. ■1 und ■2 Spinat ■3 Radieschen ■4 Möhren ■5 Zuckererbsen ■6 Pflücksalatmischung ■7 Rucola (Salatrauke) ■8 Winterheckezwiebel

Jetzt sind die Hauptkulturen auf dem Beet und mit Möhren, Pflücksalat und Zuckererbsen ist der erste Ernteöhepunkt erreicht. ■1 Hokkaido-Kürbis ■2 Zucchini ■3 Snackgurken ■4 Rucola (Salatrauke) ■5 Möhren ■6 Zuckererbsen ■7 Pflücksalat ■8 Kapuzinerkresse ■9 Buschtomate ■10 Winterheckezwiebel

PFLANZPLAN FÜR DIE KÜCHENGARTEN-BOX | 25

Die Sommerkulturen liefern reichlich leckeres Fruchtgemüse, erste Spätkulturen können ab jetzt gesät werden ❶ Hokkaido-Kürbis ❷ Zucchini ❸ Snackgurken ❹ Grünkohl ❺ Spinat ❻ Brokkoli/Blumenkohl ❼ Feldsalat ❽ Kapuzinerkresse ❾ Buschtomate ❿ Winterheckezwiebel

Die letzten Aussaaten sind auf dem Beet und sollten mit Vlies abgedeckt werden. Bis zum ersten Frost können noch Brokkoli und Blumenkohl sowie Kapuzinerkresse geerntet werden, ehe man sie abräumt. ❶ Rucola (Wilde Rauke) ❷ Winterportulak ❸ Grünkohl ❹ Spinat ❺ Brokkoli/Blumenkohl ❻ Feldsalat ❼ Kapuzinerkresse ❽ Winterheckezwiebel

Hochbeet-Praxis
Monat für Monat

Januar

Mit dem Beginn des neuen Jahres wächst auch die Vorfreude auf die neue Gartensaison. Bei frostfreiem Wetter gibt es immer noch Wintergemüse zu ernten. Jetzt ist die richtige Zeit, zu planen, Saatgutkataloge zu wälzen oder im Internet nach bestimmten Gemüsesorten zu stöbern. Bei mildem Wetter ist auch der Bau eines Hochbeetes möglich. Darin kann man dann auch gleich Äste und Zweige vom Winterschnitt unterbringen.

☾ Mond-Tipp Im Tagesrhythmus zwischen Sonnenaufgang und -untergang am besten morgens säen und nachmittags pflanzen.

Gemüse des Monats:
Dicke Bohne *(Vicia faba)*

Die eiweiß- und ballaststoffreiche Verwandte der Grünen Bohne, auch Puffbohne genannt, erlebt ein Comeback in der Gourmetküche. Die frischgrünen, knackig gegarten Bohnenkerne sind eine Delikatesse. Die robusten Pflanzen gehören zu den ersten Kulturen, die im Jahr gesät werden können. Sie vertragen auch leichten Frost und brauchen nicht viel Platz, haben aber eine längere Kulturdauer.
Kultur: Aussaat Anfang März, 3–4 cm tief säen, mit Vlies schützen. Triebspitzen im späten Frühjahr über dem siebten Blütenbüschel abknipsen, damit die restlichen Bohnenhülsen schneller reifen. Ernte der Bohnenhülsen etwa Mitte bis Ende Juni.

Krankheiten, Schädlinge: Sämlinge vor Schneckenfraß schützen; häufig ist Befall mit Bohnenblattlaus.
Extra-Tipp: Fürs Hochbeet kompakt wachsende Sorten wie 'Perla' oder 'Piccola' wählen. Diese brauchen keine Stütze. An die Nordseite gepflanzt, liefern die Pflanzen Windschutz für spätere Kulturen.

Die Keimlinge der Dicken Bohne vertragen Frost.

Jetzt aussäen

Im Haus:
- Kresse
- Keimsprossen.

Jetzt ernten

- Feldsalat
- Grünkohl
- Winterportulak.

Hochbeet-Praxis

Die nächste Saison planen
Was ist im letzten Jahr gut gewachsen, welche Gemüsesorten möchte man dieses Jahr testen?

Keimtests zeigen, ob man älteres Saatgut noch erfolgreich aussäen kann.

Im Januar hat man als Hochbeetgärtner Zeit, die Saatgutvorräte zu sortieren, neue zu bestellen und einen Beetplan für die kommende Gartensaison zu machen. Dann ist man im Frühjahr gut gerüstet, um gleich loszulegen.

Keimtest für Saatgutreste
Saatgut ist häufig länger keimfähig als auf den Packungen angegeben. Dies gilt vor allem für ungeöffnete Samentüten, in denen die Samen keimgeschützt verpackt sind.
Um sicher zu gehen, dass Saatgut aus angebrochenen Tüten noch keimt, macht man eine Keimprobe. Hierfür streut man einige Samen in eine flache Schale auf ein angefeuchtetes Blatt Küchenkrepp und deckt diese mit Klarsichtfolie oder einem Deckel ab. Nach einigen Tagen kann ausgewertet werden. Wenn mindestens die Hälfte der Samen gekeimt hat, lässt sich das Saatgut noch zur Aussaat verwenden.

Häcksel für die Beetumrandung
Beim Winterschnitt von Obst- und Ziergehölzen fallen jede Menge Äste und Zweige an. Diese können als Füllschicht in neu gebauten Hochbeeten verwendet werden. Hat man hierfür keinen Bedarf mehr, häckselt man sie und streut das Häckselgut rund um das Hochbeet als Wegmaterial. Dadurch erschwert man außerdem Schnecken den Zugang zum Beet, denn über das raue Material mögen diese nicht kriechen.

Saatgutbox aus Zigarrenkiste
Damit bei Saatbeginn im Februar alles schnell griffbereit ist, sollte man die Saatgutvorräte sichten und sortieren. Dafür kann man zum Beispiel eine leere Zigarrenkiste (gibt's im Tabakwarenladen auf Anfrage) verwenden. Den Deckel

abnehmen und die Holzkiste mit einer Buchstabenschablone und Wasserfarbe beschriften. Die Saatguttüten nach Gemüsesorten und Monaten sortieren, in denen die Aussaat beginnt. Die Box mit Pappstreifen nach Monaten einteilen. Auf zusätzlichen Karteikarten lassen sich noch Infos zu verwendeten Gemüsesorten sowie Aussaattipps festhalten.

Jetzt genießen

Kürbis-Apfel-Suppe mit Ingwer
Für 6–8 Personen

Zutaten:
1 kg Hokkaido-Kürbis
1 Gemüsezwiebel
2 große, süßsäuerliche Äpfel (z. B. 'Elstar')
4 EL Öl
1½ l Gemüsebrühe
⅛ l frischen Orangensaft
40 g frischen Ingwer
Salz, Cayennepfeffer
4 Stiele Petersilie oder Koriandergrün
Kürbiskernöl

Zubereitung:
Den Kürbis halbieren, entkernen und in Würfel schneiden. Zwiebel schälen und ebenfalls grob würfeln. Äpfel schälen, entkernen und in Spalten schneiden. Alles zusammen in einem großen Topf in Öl andünsten. Mit der Brühe ablöschen und 20 Minuten garen. Orangensaft und den geriebenen Ingwer zugeben, die Suppe fein pürieren und mit Salz und Pfeffer kräftig würzen. Mit den gehackten Kräutern und etwas Kürbiskernöl servieren.

In der Saatgutbox kann man Gemüse- und Kräutersamen nach Aussaatmonat sortieren.

Das wärmt: aromatische Kürbissuppe mit Apfel, Orangensaft und Ingwer verfeinert.

Februar

Der kürzeste Monat im Jahr ist auch oft der ungemütlichste und kälteste. Die Kulturen auf dem Beet wie Feldsalat oder Winterportulak sollten weiter mit einem Vlies bedeckt sein. Etwa ab Monatsmitte startet die Aussaat erster Vorkulturen auf der Fensterbank. Ende des Monats ist der richtige Zeitpunkt, um neuen Kompost auf das Beet zu bringen. Der Start in die neue Hochbeetsaison ist in Reichweite.

☾ **Mond-Tipp** Bei der Aussaat immer das Sternbild wählen, das dem gewünschten Ernteziel (Frucht, Wurzel, Blüte oder Blatt) entspricht.

Gemüse des Monats:
Tomate *(Lycopersicon esculentum)*

Die Tomate ist das Powergemüse schlechthin. Neben Vitaminen und Mineralstoffen enthält sie viele sekundäre Pflanzenstoffe wie das Lycopin, das u. a. Krebserkrankungen vorbeugen soll. Ob aus Samen selbst gezogen oder im Frühjahr als Jungpflanze gekauft: Wer Tomaten selbst anbaut, kann sie bis zur vollen Genussreife an der Pflanze hängen lassen und erhält so besonders gesunde Früchte.
Kultur: Aussaat Anfang bis Mitte März, Samen etwa 0,5 cm mit Erde bedecken. Frisches Saatgut keimt oft innerhalb einer Woche. Wenn sich nach den Keimblättern die ersten Laubblätter gebildet haben, die Pflänzchen einzeln in Töpfe pikieren. Ab Mitte April über Tag an einem eher schattigen Platz im Freien abhärten, regelmäßig wässern und wöchentlich düngen. Ende Mai können die Tomaten dann aufs Beet gepflanzt werden.
Krankheiten, Schädlinge: Braun- und Krautfäule (robuste Sorten wählen!), Blattläuse, Weiße Fliege.
Empfehlenswerte Sorten: Für das Hochbeet eignen sich robuste und kompakt wachsende Buschtomaten wie 'Heartbreakers® Vita', 'Siderno' oder 'Balkonstar'.

Die Buschtomate 'Heartbreakers® Vita' bleibt niedrig.

Licht von oben: Aussaaten am Dachflächenfenster.

Ein Boden-Thermometer misst die Erdwärme.

Jetzt aussäen

Im Frühbeet oder unter Folie:
- Dicke Bohnen.

Im Haus vorziehen:
- Artischocken
- Chili
- Paprika
- Basilikum.

Jetzt ernten

- Feldsalat
- Grünkohl
- Winterportulak.

Hochbeet-Praxis

Aussaaten brauchen Licht

Jetzt beginnt die Vorkultur auf der Fensterbank. Im Haus vorgezogene Gemüsepflanzen verkürzen die Kulturzeit auf dem Beet und lohnen sich nicht nur bei wärmebedürftigen Kulturen wie Artischocke, Tomate, Paprika, Zucchini und Aubergine. Die Samen keimen meist bei höheren Temperaturen schneller. Sobald die Sämlinge sichtbar sind, ist es aber wichtig, ihnen einen möglichst hellen, kühlen Platz zu geben. Sonst vergeilen sie leicht und haben später einen wackeligen Stand. Ideal ist ein Dachflächenfenster nach Osten mit Lichteinfall von oben.

Hochbeet auffüllen

Die Erde im Hochbeet sackt mit der Zeit stark ab. Vor den ersten Aussaaten im Frühjahr sollte man das Beet deshalb etwa alle zwei Jahre wieder mit reifem Kompost auffüllen. Diese neue Kompostschicht wird unter die Pflanzschicht gefüllt. Hierfür wird zuerst die Pflanzschicht der einen Beethälfte auf die Oberseite der zweiten Beethälfte aufgeschichtet. Nun den frischen Kompost einfüllen und die obere Erdschicht wieder zurückschaufeln. Dann mit der zweiten Hälfte ebenso verfahren.

Kräuter-Tipps

- Auch im Winter können Thymian, Salbei und Rosmarin geerntet werden. Thymiantee mit Honig hilft gegen Infekte.
- Basilikum lässt sich leicht selbst aus Samen heranziehen. Es ist ein Lichtkeimer, die Samen werden deshalb auf die Erde gestreut und nur etwas angedrückt.

Bodentemperatur messen

Im Hochbeet ist die erste Aussaat häufig deutlich eher möglich als bei einem Grundbeet. Ein einfaches Bodenthermometer, das etwa sechs Zentimeter tief in die Erde gesteckt wird, kann schnell Aufschluss darüber geben, wie warm die Erde schon ist. Um zu keimen, brauchen Dicke Bohnen, Spinat oder Radieschen Temperaturen von 5 °C, ideal sind etwa 10 °C.

Obst-Verpackung wird zum Mini-Gewächshaus

Obst-Verpackungen aus durchsichtigem Kunststoff, in denen z. B. abgepackte Weintrauben angeboten werden, lassen sich prima als Mini-Gewächshäuser für erste Aussaaten verwenden. Es passen je nach Größe zwei bis vier kleine Aussaattöpfe hinein. Die Aussaaten trocknen so nicht so leicht aus und keimen sicherer.

Jetzt genießen

Grünkohl-Pasta mit Entenbrust
Für 4 Personen

Zutaten:
400 g geputzten Grünkohl
400 g Tagliatelle
1 große Zwiebel
1 EL Butter
je 100 ml Sahne und Gemüsebrühe
Salz, Pfeffer
200 g warm geräucherte Entenbrust

Zubereitung:
Den Grünkohl in einem großen Topf mit Salzwasser 10 Minuten garen, abtropfen lassen. Zwiebel schälen und würfeln, andünsten und mit Gemüsebrühe und Sahne ablöschen. Den Grünkohl unterheben, würzen und kurz garen. Nudeln in Salzwasser bissfest kochen und mit dem Grünkohl mischen. Entenbrust in dünne Scheiben schneiden und kurz mit erhitzen.

Die Basilikumsamen nur auf der Erde andrücken.

März

Im März beginnt der Frühling, kalendarisch am 21. März, in der Natur erkennbar an der Forsythienblüte. Das ist auch der Start in die Hochsaison von Hochbeeten wie der Küchengarten-Box. Der Boden darin erwärmt sich deutlich schneller als in Grundbeeten. Schon ab 5 °C Bodentemperatur können erste Gemüse gesät werden. Mit einer Vliesabdeckung oder einem Frühbeet-Aufsatz sind diese vor kaltem Wind oder Frost geschützt.

☾ **Mond-Tipp** Kurz vor Neumond besser nicht säen oder pflanzen.

Gemüse des Monats:
Möhre, Gelbe Rübe *(Daucus carota)*

Das gesunde Wurzelgemüse steckt voller Vitamine, Mineralien und vor allem enthält es Beta-Carotin, das sogenannte Provitamin A und andere sekundäre Pflanzenstoffe, die positiv auf unsere Gesundheit wirken. Möhren immer mit etwas Fett verarbeiten, nur dann kann der Körper Beta-Carotin in das lebenswichtige Vitamin A umwandeln.

Kultur: Aussaat März bis Juli, Saattiefe: 3 cm. Lange Keimdauer von etwa 3 Wochen, Sämlinge auf etwa 5 cm Abstand vereinzeln.

Krankheiten, Schädlinge: Größter Feind ist die Möhrenfliege, die ihre Eier an den Wurzelhals der Jungpflanzen legt. Die ausschlüpfenden Larven fressen Gänge in die Möhren. Zur Abwehr Möhren möglichst früh (März) oder spät (Juli) säen, mit Gemüseschutznetzen abdecken und die Wurzelhälse mit Erde anhäufeln.

Empfehlenswerte Sorten: 'Sugarsnax 54', 'Nantaise 2', 'Rainbow F1', 'Bolero'.

Extra-Tipp: Radieschen direkt neben Möhren säen. Bis die Möhren Platz brauchen, sind die Radieschen schon geerntet.

Möhren gibt es auch als bunte Saatgutmischung.

Jetzt aussäen

Auf der Fensterbank:
- Aubergine
- Chili
- Paprika
- Tomaten
- Basilikum
- Dill
- Petersilie.

Unter Vlies oder im Frühbeet:
- Dicke Bohnen
- Möhren
- Pflücksalat
- Radieschen
- Rucola (Rauke)
- Spinat.

Jetzt ernten

- Den letzten Feldsalat
- Spinat
- im Frühbeet erste Schlotten der Winterheckezwiebel.

Hochbeet-Praxis

Richtig säen leicht gemacht
- Die Aussaathinweise auf der Samentüte gründlich durchlesen und befolgen.
- Für Anfänger sind Saatbänder hilfreich, in denen das Saatgut schon im richtigen Abstand zwischen zwei Lagen Papiervlies eingeschlossen ist. Vor allem bei feinem Saatgut wie von Möhren oder auch Salat ist dies

Saatbänder auslegen und gleich anfeuchten, bevor man sie mit Erde bedeckt.

Radieschen gehören mit zu den ersten Kulturen, die man im Frühjahr aussäen kann.

praktisch. Das Saatband auslegen und anfeuchten. Erst dann mit Erde bedecken und nochmals wässern.
- Je feiner das Saatgut, umso flacher sät man. Normal sind Saattiefen von 1–2 cm, Dicke Bohnen und alle Erbsen etwa 5 cm tief legen.
- Lichtkeimer wie Basilikum nur auf die Erde aufstreuen und etwas andrücken. Hier ist es besonders wichtig, die Erdoberfläche gleichmäßig feucht zu halten.
- Ob Saatreihe auf dem Beet oder Vorkultur im Topf: Aussaaten immer gleich mit einem Pflanzschild mit Gemüse- und Sortennamen versehen.
- Aussaaten mit einer feinen Brausetülle gießen, um die Samen nicht durch einen zu kräftigen Wasserstrahl aus der Erde zu schwemmen.

Kartoffeln vorkeimen

Wer eine oder mehrere Reihen Kartoffeln auf das Hochbeet oder z. B. in einem Gartensack pflanzen möchte, kann sie jetzt vorkeimen, um eine kürzere Kulturdauer zu erzielen. Die Kartoffeln in leere Eierschachteln legen, hell und mäßig warm stellen und täglich anfeuchten. Die Bodentemperatur sollte mindestens 7 °C haben, wenn die Kartoffeln ausgelegt werden. Das austreibende Laub sollte keinen Frost bekommen.

Pflanzenschutz: Mit Holzbrettern Schnecken fangen

Kleine Holzbretter zwischen den Saatreihen auf dem Hochbeet auslegen. Unter diesen lässt sich morgens der Schneckennachwuchs leicht absammeln.

Kräuter-Tipps

- Erfrorene Kräuter wie Rosmarin durch neue Pflanzen ersetzen. Wenn draußen nochmal Frost angesagt ist, die neuen Pflanzen über Nacht mit einem darübergestülpten Tontopf schützen.
- Bei günstiger Witterung sind erste Ernten von Schildampfer, Minze und Süßdolden-Blättern möglich.
- Triebe vom Salbei jetzt auf etwa 6 cm Länge zurückschneiden. So bleiben die Pflanzen kompakt im Wuchs.
- Auf der Fensterbank können jetzt erste Aussaaten von Zitronen-Tagetes, Kerbel und Bohnenkraut erfolgen. Alle drei einjährigen Kräuter sind Lichtkeimer, deshalb die feinen Samen nicht mit Erde bedecken, sondern nur andrücken.

Zum Vorkeimen Kartoffeln in Eierkartons legen, hell stellen und regelmäßig anfeuchten.

Pflanzenschilder selber machen

Pflanzenschilder zur Kennzeichnung von Saatreihen oder Aussaaten in Töpfen kann man leicht selbst herstellen, zum Beispiel aus Weiden- oder Haselzweigen. Schneiden Sie Zweige mit einem Durchmesser von etwa 1 cm in 15 cm lange Stücke. Die eine Seite mit der Gartenschere gleich beim Zuschneiden schräg schneiden, zum besseren Einstecken in die Erde. Nun am anderen Ende mit einem Sparschäler die Rinde abschälen. Dies geht leicht, wenn man zum oberen Rand hin schält. Die Fläche lässt sich dann mit einem weichen Bleistift oder einem feinen Marker gut beschriften. Recycling-Tipp: Auch die Kunststoff-Tragegriffe von Waschpulver-Großpackungen lassen sich gut verwenden, um Pflanzenetiketten herzustellen. Die Griffe mit einer Schere in etwa 10 cm lange Stücke schneiden und mit einem wasserfesten Filzstift beschriften.

Jetzt genießen

Babyspinat-Salat mit Cranberries
Für 2 Personen

Zutaten:
100 g junge Spinatblätter
60 g Ziegenfrischkäse
je 2 EL Mandeln, Zucker
2 EL getrocknete Cranberries

Aus jungen Weidentrieben lassen sich leicht Pflanzetiketten für die Aussaatreihen auf dem Hochbeet herstellen. Mit einem weichen Bleistift beschriften.

Für die Vinaigrette:
2 EL Aprikosenkonfitüre
3 EL Zitronensaft
Meersalz, Pfeffer
4 EL Olivenöl

Zubereitung:
Spinatblätter waschen und abtropfen lassen. Mandeln in einer beschichteten Pfanne mit dem Zucker zusammen karamellisieren lassen. Aprikosenkonfitüre und Zitronensaft mit 4 EL Wasser, Salz und Pfeffer glatt rühren und mit dem Olivenöl mischen.
Salat auf den Tellern verteilen, Cranberries und Mandeln darüberstreuen, mit der Vinaigrette beträufeln und Käsebröckchen darauf verteilen.

Das kleine Kräuterrezept: Wildkräuter-Pesto

Wenn auf dem Hochbeet noch nicht so viel zu ernten ist, lassen sich oft schon im Garten die Zutaten für ein leckeres Wildkräuter-Pesto sammeln. Je eine Handvoll junge Gierschtriebe und Bärlauchblätter sowie Sonnenblumen- oder Pinienkerne mit etwas Meersalz und frisch gemahlenem Pfeffer, 50 g geriebenem Parmesan und 125 ml Olivenöl fein pürieren. Dies ergibt ein Pesto mit feiner Knoblauchnote für Pasta, Crostini oder als Basis für eine Kräuterkruste auf Fisch oder Fleisch. Mit Öl bedeckt hält das Pesto im Kühlschrank ein paar Tage. Auch junge Brennnesselspitzen eignen sich als Zusatz für dieses Pesto.

Die ersten zarten Spinatblätter sind auch lecker als Salat, hier gemischt mit Ziegenfrischkäse, karamellisierten Mandeln und Cranberries.

April

Der April macht, was er will. Im Hochbeet sollte man die ersten Aussaaten weiter durch einen Frühbeetaufsatz oder Vlies-Tunnel schützen. So kann den zarten Pflänzchen weder Schnee noch Hagel etwas anhaben. Wichtig: bei warmem Wetter das Frühbeet täglich lüften. Bei günstigen Bedingungen beginnt die Erntesaison mit erstem Spinat und Radieschen.

☾ **Mond-Tipp** Bei Vollmond und an den Tagen danach düngen, denn mit abnehmendem Mond geht die Kraft der Pflanzen in die Wurzeln.

Krankheiten, Schädlinge: Runde Löcher auf den Blättern stammen von Erdflöhen, kleinen rundlichen Käfern. Vorbeugend dagegen die Erde unter den Pflanzen feucht halten und immer wieder lockern.

Extra-Tipp: Wilde Rauke im Herbst auf dem Beet stehen lassen und überwintern, im Frühjahr treibt sie früh wieder aus und liefert zeitig erstes Grün.

Gemüse des Monats:
Salatrauke, Rucola *(Eruca sativa)*

Der nussig-scharfe Geschmack der Salatrauke, auch Rauke oder Rucola genannt, ist aus unserer Küche nicht mehr wegzudenken. Ihr hoher Gehalt an Senfölglycosiden macht die schnellwüchsige Pflanze so gesund.

Man unterscheidet die einjährig kultivierte Salatrauke *(Rucola sativa)* und die Wilde Rauke *(Diplotaxis tenuifolia)*, die mehrjährig und intensiver im Geschmack ist. Rauke lässt sich auch gut in Töpfen und Balkonkästen heranziehen.

Kultur: Aussaat März bis Juli, Saattiefe 0,5 cm, Nicht neben oder nach anderen Kreuzblütlern wie Kohlrabi oder Brokkoli pflanzen. Blütenansätze abknipsen, um länger ernten zu können.

Die Blüten der Salatrauke erscheinen im späten Frühjahr.

Jetzt aussäen

Auf der Fensterbank:
- Gurken
- Kürbis
- Zucchini.

Im Freiland:
- Erbsen
- Kohlrabi
- Mangold
- Möhren
- Rote Bete
- Rucola (Rauke)
- Salate
- einjährige Kräuter wie Basilikum, Dill, Koriander und Petersilie.

Jetzt pflanzen

- Kartoffeln (vorgetrieben)
- Kohlrabi
- Kopfsalat.

Jetzt ernten

- Radieschen
- Rhabarber
- Spinat für Salate
- Winterheckezwiebel.

Hochbeet-Praxis

Kinderstube für Kürbis & Co.

Kürbis, Zucchini und Gurken brauchen Wärme und können im Haus vorgezogen werden. Man steckt die Samen hochkant einzeln in kleine Anzuchttöpfe mit Erde, sodass sie etwa 1,5 cm mit Erde bedeckt sind. Die Topferde anfeuchten und die Samen im Minigewächshaus auf der Fensterbank keimen lassen. Das dauert meist keine Woche. Sobald die Sämlinge aufgelaufen sind, die Töpfe hell und kühler stellen. Das ist wichtig, damit die Pflänzchen nicht vergeilen, also zu lange, dünne Triebe bekommen, die später nicht standfest sind. Ab Ende April können die Jungpflanzen draußen im Topf abhärten, bevor sie dann aufs Hochbeet gepflanzt werden. Töpfe bei unter 6 °C ins Haus holen.

Kartoffeln aus dem Eimer

Eigene Kartoffeln zu ernten, ist ein ganz besonders Vergnügen für Groß und Klein. Wer auf dem Hochbeet für die relativ lange Kartoffel-

Pflanzen von Gurken und Kürbissen für das Beet zieht man in Töpfen im Haus vor.

kultur keinen Platz opfern möchte, kann sie auch in 20 l großen Maurereimern oder Gartensäcken heranziehen.

Den Eimer mit einigen Löchern im Boden versehen, damit überschüssiges Wasser ablaufen kann. Eine 10-cm-Schicht Kompost- oder Pflanzerde einfüllen und drei vorgekeimte Kartoffeln einlegen (siehe Seite 37). Die Knollen 5 cm dick mit Erde bedecken. Sobald die Triebe etwa 10 cm hoch sind, die nächste Schicht Erde einfüllen. So fortfahren, bis der Eimer randvoll mit Erde ist. Die in der Erde liegenden Triebe bilden zusätzlich Wurzeln, an denen neue Kartoffelknollen sprießen. Regelmäßig wässern und zwei- bis dreimal alle 14 Tage mit einem Gemüsedünger gießen. Die Kartoffeln sind erntereif, wenn das Laub zu welken beginnt.

Unkraut entfernen

Auch zwischen den Gemüsereihen wird es zunehmend grüner. Die um Nährstoffe und Platz konkurrierenden Wildpflanzen frühzeitig mit den Fingern auszupfen oder mit der Jätekralle beseitigen. Dies jede Woche einmal wiederholen.

Pflanzenschutz: Blattläuse abwehren

Blattläuse gehören zu den häufigsten Pflanzenschädlingen und können auch an allerhand Gemüsekulturen Schaden anrichten wie Salat, Bohnen oder Kohl. Vor allem Jungpflanzen regelmäßig kontrollieren, die Läuse abstreifen oder mit einem scharfen Wasserstrahl abspülen. Nützlinge wie Marienkäfer oder Florfliegen fördern und ihnen entsprechende Quartiere zum Übernachten anbieten.

Auch in Kunststoffsäcken oder -eimern kann man gut leckere Kartoffeln kultivieren.

Mit einer Jätekralle lässt sich aufkeimendes Unkraut im Beet leicht weghacken.

Kräuter-Tipps

- Jetzt treiben Minze, Melisse und Salbei frisches Grün für Tees oder zum Würzen.
- Einjährige Kräuter wie Dill, Kerbel u. a. in Töpfe säen.
- Es ist Pflanzzeit für Staudenkräuter wie z. B. Salbei, Thymian, Oregano oder Berg-Bohnenkraut.

Deko-Holzschild für das Hochbeet

Eine dünne Baumscheibe aus Holz, ein Küchenbrett oder eine Schiefertafel können genutzt werden, um Hochbeeten sowie der Küchengarten-Box eine individuelle Note zu geben. Das Schild hierfür mit einem wasserfesten Lackstift mit einem Slogan oder dem Namen des Eigentümers beschriften und trocknen lassen. Das Schild mit einer Aufhängung versehen und an einer Beetseite befestigen oder es an einen Holzstab schrauben und in die Erde stecken.

Jetzt genießen

Schnelle Spinat-Zitronen-Pasta
Für 4 Personen

Zutaten:
2 Knoblauchzehen
10 Schlotten Winterhecke oder 3 Lauchzwiebeln
3 EL Olivenöl
1 Bio-Zitrone
150 ml Gemüsebrühe
150 ml Sahne
400 g Spaghetti oder Farfalle
250 g Spinat
Salz, Pfeffer

Zubereitung:
Die Zwiebelschlotten in feine Ringe schneiden, Knoblauchzehen schälen und klein schneiden.

Jetzt ist Pflanzzeit für Kräuter und die Auswahl in den Gärtnereien groß.

Grow your own! Gärtner-Motto auf einer Astscheibe aus Birkenholz.

Die Zitrone heiß abspülen, trocknen, die Schale fein abschälen und in dünne Streifen schneiden. Den Saft auspressen.

Spinat waschen und abtropfen lassen. Knoblauch und Zwiebelschlotten im Olivenöl andünsten, mit Gemüsebrühe und Sahne aufgießen und fünf Minuten einkochen lassen.

Spaghetti nach Packungsanweisung in reichlich Salzwasser bissfest kochen. Kurz vor Kochende den Spinat mit zu den Nudeln geben, kurz mitkochen lassen und dann mit den Nudeln in ein Sieb abgießen. Sofort mit der Sahnesoße, Zitronensaft und -schale mischen. Mit Salz und Pfeffer abschmecken.

Radieschenblätter-Suppe
Für 4 Personen

Zutaten:
Blätter von einem Dutzend Radieschen
2 kleine Kartoffeln
1 Zwiebel
2 TL Butter
1 Scheibe Schwarzbrot
¾ l Gemüsebrühe
Salz, Pfeffer, Muskat
Crème fraîche

Zubereitung:
Radieschenblätter waschen, abtropfen lassen und grob in Streifen schneiden. Zwiebel und Kartoffeln schälen und klein schneiden. Zusammen mit den Radieschenblättern in 1 Teelöffel Butter andünsten. Mit der Gemüsebrühe auffüllen und 15 Minuten köcheln lassen. Die Schwarzbrotscheibe in kleine Würfel schneiden und in einem Teelöffel Butter in einer beschichteten Pfanne rösten.

Die Suppe pürieren und mit Salz, Pfeffer und Muskat abschmecken. Mit etwas Crème fraîche und den Schwarzbrot-Croûtons servieren.

Das kleine Kräuterrezept: Frühlingsquark

Was das Kräuterbeet jetzt schon hergibt, lässt sich prima für einen Kräuterdipp zu Pellkartoffeln oder Rohkost-Gemüsestiften verwenden. Hierzu Schnittlauch, Schildampfer, Süßdolde, Petersilie und etwas Minze waschen, abtropfen lassen und fein hacken. Mit einem Becher Schmand oder Quark (20 % Fett) vermischen und mit Salz, Pfeffer, Zitronensaft und einer Prise Zucker abschmecken.

Das Laub der selbst gezogenen Radieschen wird zu einer würzig-cremigen Suppe.

Mai

Mairegen bringt Segen! Wenn dazu noch milde Temperaturen kommen, kann man dem Gemüse auf dem Hochbeet jetzt beim Wachsen zusehen. Auch die Ernte von frischem Grün erreicht jetzt den ersten Höhepunkt. Bei Trockenheit ist regelmäßiges Wässern nötig. Ab Mitte des Monats ist Pflanzzeit für Wärme liebende Kulturen wie Tomaten, Gurken, Zucchini und Kürbisse.

☾ **Mond-Tipp** Unkraut an Wurzeltagen und bei feuchtem Boden jäten. Dann wächst länger nichts mehr nach.

Empfehlenswerte Sorten: 'Babyleaf', 'Red Salad Bowl', 'Dynamite', 'Fiorella'.
Extra-Tipp: Rotblättrige Salat-Sorten sind nicht nur wegen der zusätzlichen Pflanzenfarbstoffe gesünder, sondern werden auch von Blattläusen weitestgehend verschont.

Gemüse des Monats:
Pflück- und Kopfsalat *(Lactuca sativa)*

Frischen Pflück- oder Kopfsalat vom eigenen Beet ernten zu können, ist eine besondere Delikatesse und sichert einen schadstofffreien Genuss. Salat ist reich an Mineral- und Ballaststoffen, wirkt harmonisierend und entspannend. Er verträgt sich mit fast allen anderen Gemüsekulturen im Beet. Pflücksalat hat eine lange Erntezeit und ist für Hochbeete ideal.
Kultur: Aussaat März bis Anfang August, Kopfsalate können vorkultiviert werden, Pflücksalat direkt säen, Saattiefe etwa 1 cm. Salate nicht zu tief pflanzen, sonst kann das Herz faulen. Pflanzen gleichmäßig feucht halten.
Krankheiten, Schädlinge: Aussaaten vor Schnecken schützen, Blattläuse mit Wasserstrahl abspülen.

Frühe Ernte mit der Pflücksalat-Mischung 'Babyleaf'.

Jetzt aussäen

- Brokkoli
- Kohlrabi
- Radieschen
- Rucola (Rauke)
- Pflück- und Kopfsalate.

Im Haus vorziehen:
- Busch- und Stangenbohnen ab Monatsanfang in Töpfen vorziehen. Je drei Samen in einen 8-cm-Topf.

Jetzt pflanzen

- Vorgezogene Jungpflanzen von Aubergine, Gurke, Kürbis, Tomaten und Zucchini nach den Eisheiligen (Mitte Mai)

- Basilikum, Dill, Koriander
- Kapuzinerkresse und Ringelblumen.

Jetzt ernten

- Kohlrabi
- Pflücksalat
- Radieschen
- Rauke
- Rhabarber
- Spinat.

Hochbeet-Praxis

Möhren vereinzeln
Sind die feinen Möhrensämlinge zu kräftigen Jungpflanzen herangewachsen, müssen sie ver-

Radieschen neben Möhren säen. Sie sind erntereif, bevor die Möhren den Platz brauchen.

Ab Mitte des Monats können Fruchtgemüse wie Kürbis oder Zucchini aufs Beet.

einzelt werden, damit jede Möhre genug Platz zum Heranreifen hat. Die überzähligen Pflänzchen auszupfen, sodass die Möhren im Beet etwa 3 cm Abstand voneinander haben. Das zarte Grün der ausgezupften Möhren würzt Salate und Suppen, muss also nicht auf dem Kompost landen.

Fruchtgemüse pflanzen

Im Mai können die Wärme liebenden Gemüsearten wie Aubergine, Gurke, Kürbis, Paprika, Tomate und Zucchini aufs Beet gepflanzt werden. Normalerweise wartet man damit bis nach den Eisheiligen Mitte Mai. Ab Anfang des Monats können die im Haus vorgezogenen Pflanzen schon mal tageweise im Freien abhärten. Am Anfang die Pflanzen hierfür eher schattig stellen. Sofortige starke UV-Bestrahlung kann sonst leicht zu Sonnenbrand auf den Blättern führen. Tomaten immer ein Stück tiefer pflanzen als sie vorher im Anzuchttopf standen. So werden zusätzlich Wurzeln gebildet und die Pflanzen haben einen besseren Stand.

Düngerjauche für Starkzehrer

Wer seine Pflanzen biologisch und preiswert düngen möchte, sollte Anfang Mai Brennnesseljauche ansetzen. Dazu schneidet man frisches Kraut auf Brachflächen, sofern man dem vielseitigen Wildkraut nicht sowieso eine Ecke im Garten zugedacht hat und es dort ernten kann. Das Kraut in einen Eimer stopfen und mit Wasser auffüllen. Den Ansatz 2 bis 3 Wochen gären lassen. Die Jauche durch ein Sieb gießen und 1:9 mit Wasser verdünnt auf die Erde an die Wurzeln der Pflanzen gießen.

Sie ist gut geeignet als Startdünger für Zucchini, Tomaten, Kürbisse oder Gurken. Der unange-

Brennnesseljauche: **1** Einen Eimer mit Brennnesseln füllen. **2** Mit Wasser auffüllen und an einem sonnigen Platz gären lassen. **3** Fertige Jauche abgießen und einen Liter davon mit neun Liter Wasser verdünnen.

nehme Geruch verliert sich nach dem Ausbringen schnell wieder. Auf die gleiche Weise kann man im Juni die kaliumreiche Beinwelljauche ansetzen, die besonders für die weitere Düngung von Fruchtgemüse geeignet ist. Diese Kulturen einmal wöchentlich mit der verdünnten Jauche gießen, bis sie aufgebraucht ist.

Pflanzenschutz: Erdflöhe fliegen auf Kohlgewächse

Zuerst bemerkt man die kleinen runden Löcher in Radieschen- oder Kohlrabiblättern, seltener fallen einem die kleinen dunklen Käfer auf, die sich bei Berührung der Pflanzen sofort fallen lassen. Erdflöhe können lästig werden. Trockene Böden begünstigen die Vermehrung. Boden feucht halten und gefährdete Kulturen mit einem Insektenschutznetz abdecken.

Kräuter-Tipps

- Die Blätter der Süßdolde liefern aromatische Würze für Salatsoßen und Kräuterdipps.
- Blüten vom Schnittlauch entfernen, damit schnell wieder neue Röhren gebildet werden. Die Blüten sind lecker und eine tolle Deko z. B. für Salate und Suppen.
- Die jungen Blätter vom Schildampfer können nicht nur zum Würzen von Kräuterquark oder für Suppen verwendet werden. Sie liefern zusammen mit Rauke und Pflücksalat eine schöne Blattsalatmischung.

Mini-Gemüsebeet: **1** Eine Holzkiste (z. B. von Mandarinen) mit Vlies auslegen. **2** Erde einfüllen und mit Setzlingen von Tomate, Rauke und Pflücksalat bepflanzen. **3** Nach etwa zwei Wochen ist die Kiste fertig und wird mit etwas Deko zum tollen Gastgeschenk.

Mini-Gemüsebeet zum Verschenken

Hat man überzählige Jungpflanzen, lässt sich damit ein nettes Präsent für die nächste Einladung zu Gartenfreunden in der Nachbarschaft gestalten. Weiteres Zubehör: eine kleine Holzkiste (z.B. von Mandarinen), ein Stück Gartenvlies, Pflanzenstecker und Dekomaterial wie z.B. eine kleine Pflanzschaufel.

Die Holzkiste mit einem Stück Gartenvlies auslegen, um zu verhindern, dass durch Spalten oder Löcher im Boden die Erde zu leicht durchrieseln kann. Die Kiste dann mit Pflanzerde füllen und geeignete Gemüsesetzlinge einpflanzen. Die abgebildete Kiste wurde mit Pflücksalat, Salatrauke und einer Balkontomate bepflanzt, die kompakt wächst. Dazwischen kann man noch einzelne Radieschen säen. Sind Rauke und Salat abgeerntet, sollte man die Tomate in ein größeres Gefäß umtopfen. Alternativ kann man auch Kräuter wie Schnittlauch, Basilikum und Thymian zu der Tomate pflanzen.

Jetzt genießen

Rhabarber-Süßdolden-Konfitüre
Für ca. 4 Gläser à 250 ml

Zutaten:
900 g Rhabarber fein geschnitten
500 g Gelierzucker 2:1
4 Stängel Süßdolde, fein geschnitten

Zubereitung:
Den Rhabarber abwaschen, putzen und in kleine Stücke schneiden. Zusammen mit der sehr fein geschnittenen Süßdolde und dem Gelierzucker aufkochen und etwa 3–4 Minuten unter Rühren kochen lassen. Noch heiß in Twist-Off-Gläser füllen und gut verschließen. Die Süßdolde mildert die Säure des Rhabarbers und würzt die Konfitüre mit ihrem Anisaroma.

Dressing-Trio für grüne Salate
1. **Senf-Vinaigrette**
   1 TL Senf, 1 Prise Zucker und 3 EL Weißweinessig verquirlen, 100 ml Öl in einem dünnen Strahl unter Rühren hinzugeben und mit Salz und Pfeffer abschmecken.
2. **Joghurt-Dressing**
   200 g Joghurt (3,5 % Fett) mit 1 EL Zitronensaft und 2 EL Öl verrühren, 2–3 EL gehackte, gemischte Kräuter unterrühren und mit Salz und Pfeffer abschmecken.
3. **Balsamico-Himbeer-Dressing**
   100 g Himbeeren pürieren und durch ein Sieb streichen. Mit 2 EL Balsamico-Essig mischen und mit Zucker, Salz und Pfeffer abschmecken. 4 EL Oliven- oder Rapsöl dazugeben und verrühren.

Grüner Smoothie
Für zwei Personen

Zutaten:
100 g Pflücksalat
1 kleiner Apfel
2 EL Zitronensaft
200 ml Apfelsaft
1 Prise Salz

Zubereitung:
Alle Zutaten mit einem Schuss Mineralwasser im Mixer fein pürieren und in einem Glas servieren. Statt des Salats kann man auch Spinat oder Vogelmiere verwenden.

Juni

Nun geht es auf den Sommer zu und inzwischen sind die meisten Hauptkulturen auf dem Beet. Der Hochbeetgärtner kann sich zurücklehnen und auf weitere Ernten freuen. Bei trockenem Wetter allerdings brauchen die Gemüsekulturen regelmäßig Wasser. Gegen Monatsende gibt es dann als Lohn schon erste zarte Zucchini und die Ernte von aromatischen Kräutern zum Trocknen steht an.

☾ Mond-Tipp Die Ernte von Kräutern zum Trocknen sollte die Tage kurz vor und bei Vollmond geschehen, dann ist der Gehalt an Inhaltsstoffen am höchsten.

Empfehlenswerte Sorten: 'Delicata', 'Zuccola'.
Extra-Tipp: Erbsenwurzeln nach der Ernte im Boden lassen, an ihnen sitzen Bakterienknöllchen, in denen Stickstoff gespeichert ist und die als Dünger wirken.

Gemüse des Monats:
Erbsen *(Pisum sativum)*

Erbsen sind auch roh eine Delikatesse und das Lieblings-Naschgemüse von Kindern. Ideal für das Hochbeet sind Sorten, die jung mit Schale als Kaiserschote und oder später ausgepalt gegessen werden können. Diese Sorten können bis in den Sommer hinein gesät werden.
Kultur: Aussaat ab Anfang April, Samen 5 cm tief säen. Die rankenden Pflanzen später mit Birkenreisig oder Maschendraht stützen. In kurzen Abständen durchpflücken und immer frisch weiterverarbeiten. Erbsen sind Schwachzehrer, daher ist meist keine zusätzliche Düngung nötig.
Krankheiten, Schädlinge: Mehltau, Befall mit Bohnenfliege.

Knackig und gesund: frisch geerntete Erbsen.

Vom Stiel-Mangold gibt es auch Sorten mit orangefarbenen oder roten Trieben.

Mit einem Tropfschlauch lassen sich die Hochbeetkulturen gezielt bewässern.

Jetzt aussäen

- Buschbohnen
- Erbsen
- Mangold
- Möhren
- Pflück- und Kopfsalat
- Rucola (Rauke)
- Zwiebeln.

Vorziehen in Saatschalen:
- Blumenkohl
- Brokkoli
- Grünkohl
- Kohlrabi.

Jetzt ernten

Kohlrabi
Mangold
Möhren
Radieschen
Rucola (Rauke)
Pflücksalat
Winterheckezwiebel
Zucchini.

Hochbeet-Praxis

Gezielt wässern auf dem Hochbeet

Ein großer Vorteil des Hochbeetgärtnerns ist das gezielte Wässern der Kulturen. Hier ein paar Gießregeln für den Sommer:
- Am Morgen wässern, wenn die Pflanzen ihr Wachstum starten. Abends schafft man nur ein Wohlfühlklima für Schnecken.

- Immer auf die Erde gießen, die Pflanzen selbst möglichst wenig benetzen, um Pilzkrankheiten vorzubeugen.
- Besser alle zwei bis drei Tage einmal gründlich wässern als jeden Tag nur kurz gießen.

Ideal ist ein Wasseranschluss in Hochbeetnähe. Dann kann man Tropfschläuche auf dem Beet verlegen und braucht bei Trockenheit nur jeden Morgen den Wasserhahn für etwa 15–20 Minuten aufzudrehen. Das tropfende Wasser sickert langsam in den Boden, so verdunstet nur wenig Feuchtigkeit und umso mehr gelangt an die Wurzeln.

Mehr Ertrag durch richtiges Ernten

- Mangold lässt sich über viele Wochen ernten, wenn man immer nur die äußeren Blätter und Stiele pflückt.
- Auch bei Pflücksalat lässt man immer das Herz stehen, sodass neue Blätter nachwachsen können.
- Bei Brokkoli die Hauptknospe gleich unterhalb des Blütenstandes abschneiden, denn aus den Blattachseln am Trieb wachsen neue Knospen.
- Zucchini jung ernten, dann sind sie am leckersten und die Pflanzen setzen mehr Früchte an.
- Buschbohnen sollten in der Länge ausgewachsen, aber noch dünn sein, ohne erkennbare Ausbuchtungen der Samenansätze. Je häufiger man durchpflückt, umso mehr Blüten und Bohnen werden auch hier angesetzt.
- Grünkohl immer von unten nach oben ernten und das Herz stehen lassen, dann kann man mehrfach ernten.

Zucchini vor Nässe schützen

Liegen junge Zucchiniblüten oder -früchte direkt der Erde auf, kann es leicht zu Fäulnis kommen. Daher sollte man die Basis der Pflanze ähnlich wie bei Erdbeeren mit einer Schicht Holzwolle oder Stroh polstern. Das hält auch Schnecken von den zarten Blüten fern.

Pflanzenschutz: Blattläuse haben viele Feinde

Haben sich Blattläuse auf Gemüse- oder Kräuterpflanzen ausgebreitet, können diese meist gut mit einem scharfen Wasserstrahl abspült werden. Man sollte aber auch auf Nützlinge wie Schwebfliegenlarven achten. So durchscheinend und verletzlich sie wirken, vertilgen diese doch ähnlich wie Marienkäfer und Florfliegenlarven in ihrer Kinderstube unzählige Blattläuse

Etwas Holzwolle oder Stroh schützt Zucchini vor Fäulnis durch Bodennässe.

mit ungeheurem Appetit. Die Fliege selbst ist ein reiner Blütenbesucher.

Kräuter-Tipps

- Kurz vor der Blüte ist der Wirkstoffgehalt in Kräutern am höchsten. Deshalb Minze, Thymian und Salbei Anfang des Monats zum Trocknen für den Winter ernten.
- Wenn die Winterheckezwiebeln Blüten ansetzen, diese gleich abschneiden; so bilden sich schneller wieder neue Schlotten zum Ernten. Wer Samen ernten möchte, lässt ein oder zwei Blütenstände stehen und die Samen ausreifen.
- Die jungen, noch grünen Früchte der Süßdolde sind eine leckere Knabberei, die intensiv süßlich nach Anis schmeckt.

Kräutertüten zum Verschenken

Aus einfachen Butterbrottüten werden mit wenigen Handgriffen nette Mitbringsel aus dem eigenen Garten. Mit einem Metallic-Lackstift oder einem Buntstift mit dem Kräuternamen beschriften und getrocknete Lorbeer-, Salbei- oder Minzeblätter in die Tüten füllen. Als Verschluss sowie zur Deko mit wenigen Stichen einen hübschen Knopf aufnähen. Die Kräutertüten bis zum Verschenken trocken und dunkel aufbewahren.

Jetzt genießen

Erbsensuppe mit Minze
Für 4 Personen

Getrocknete Gartenkräuter, in beschrifteten Pergamenttüten nett verpackt.

Die jungen Samenstände der Süßdolde sind essbar und schmecken nach Anis.

Zutaten:
350 g Erbsen
1 mittelgroße Kartoffel
500 ml Gemüsebrühe
6 EL fein gehackte Minzeblätter
Salz, Pfeffer, Chili
Saft einer halben Zitrone
1 Becher Sahnejoghurt (150 g)

Zubereitung:
Die Kartoffel schälen, in Stücke schneiden und zusammen mit den Erbsen in der Gemüsebrühe 15 Minuten kochen. Die Hälfte der fein gehackten Minze hinzugeben. Die Suppe mit einem Mixstab fein pürieren und mit Salz, Pfeffer und etwas Chili abschmecken. Den Joghurt unterrühren und mit Zitronensaft abschmecken. Mit der restlichen gehackten Minze bestreuen.

Marinierte Möhren
Für 4 Personen

Zutaten:
500 g junge Möhren
4 EL Ölivenöl
Meersalz, Zucker
2 Knoblauchzehen
24 dünne Scheiben Parmaschinken
1 Bund Basilikum

Zubereitung:
Das Grün der Möhren bis auf 3 cm abschneiden. Die Möhren waschen und dünn schälen. Olivenöl in einer Pfanne heiß werden lassen, die Möhren hineingeben und andünsten. Mit Zucker und Meersalz würzen. Mit einem Glasdeckel abdecken und 8–10 Minuten dünsten. Knoblauch schälen und in dünne Scheiben schneiden. 2–3 Minuten mitgaren. Die abgekühlten Möhren jeweils mit zwei Basilikumblättern und einer Scheibe Parmaschinken umwickeln. Auf einer Platte anrichten, mit Pfeffer würzen und mit dem Kochsud beträufeln.

Das kleine Kräuterrezept: Minze-Sirup
Für 250 ml

250 ml Wasser und 250 ml Zucker aufkochen, 4 Stängel Minze hinzufügen und 3–4 Minuten ziehen lassen. Minze entfernen und den Sirup in eine Glasflasche abfüllen. Er hält sich im Kühlschrank einige Wochen.
Der Minze-Sirup schmeckt lecker als Limonadengrundstoff, zu Mixgetränken und zum Aromatisieren von Joghurt, Quark und Salatsoßen.

Leckere Vorspeise: Zarte Möhren, umwickelt mit Basilikum und Parmaschinken.

Juli

Der Juli kann der heißeste Monat im Jahr sein, aber auch der regenreichste. Bei andauernder Trockenheit ist jetzt regelmäßiges Wässern am wichtigsten. Starkzehrer wie Zucchini oder Kürbisse sollten dabei einmal die Woche mit Beinwelljauche oder einem organischen Gemüsedünger versorgt werden. Außerdem steht die erste Kartoffelernte an, ein besonderer Spaß für Groß und Klein.

☾ **Mond-Tipp** Fruchtgemüse möglichst bei aufsteigendem Mond ernten, also wenn der Mond in seiner Laufbahn täglich etwas höher am Himmel steht. Die Zeit des aufsteigenden Mondes sind im Mondkalender die Tage außerhalb der als Pflanzzeit gekennzeichneten Periode.

Gemüse des Monats:
Zucchini *(Cucurbita pepo* subsp. *pepo* var. *giromontiina)*

Das üppig wachsende Sommergemüse hat eine lange Erntezeit und wächst auf Hochbeeten optimal. Die je nach Sorte hell- und dunkelgrünen oder gelben Früchte sind vielseitig verwendbar, kalorienarm und reich an Mineralstoffen. Auch die gelben Zucchiniblüten sind lecker und lassen sich z. B. füllen.
Kultur: Vorkultur Mitte April auf der Fensterbank. Die Samen nicht flach, sondern hochkant einzeln in kleinen Töpfen aussäen, Saattiefe etwa 2 cm. Ab Mitte Mai auspflanzen und reichlich mit Wasser und Nährstoffen versorgen.

Krankheiten, Schädlinge: Jungpflanzen vor Schnecken schützen. Von Mehltau befallene Blätter entfernen.
Empfehlenswerte Sorten: 'Black Jack' – ertragreiche grüne Sorte, 'Diamant' – frühe grüne Sorte, 'Golden Delight' – gelbfrüchtig.
Extra-Tipp: Die Früchte schon jung ernten, wenn sie etwa 15–18 cm lang sind. Dann schmecken sie am besten.

Auch die gelben Zucchiniblüten sind essbar.

Jetzt aussäen

Für die Herbst-Ernte:
- Buschbohnen
- Lauchzwiebeln
- Mangold
- Möhren.

In Beetlücken nachsäen:
- Radieschen
- Rucola (Rauke)
- Salat.

Jetzt pflanzen

- Blumenkohl
- Brokkoli
- Grünkohl.

Jetzt ernten

- Buschbohnen
- Dicke Bohnen
- Erbsen
- Gurken
- Kartoffeln
- Mangold
- Möhren
- Rucola (Rauke)
- Salat
- Zucchini.

Hochbeet-Praxis

Spätaussaaten auf dem Beet

Der Juli ist für viele Gemüsesorten die letzte und für einige die erste Möglichkeit, diese

Die Dicken Bohnen sind jetzt erntereif. Immer von unten nach oben abernten.

Eine besondere Delikatesse: die ersten selbst geernteten Kartoffeln.

auszusäen. Diesen Zeitpunkt sollte man nicht verpassen. Auch wenn das Beet Anfang des Monats noch voll bepflanzt ist, lassen sich in Aussaatschalen jetzt Setzlinge von Kohlrabi, Mairüben und Herbst-Salaten vorziehen. Diese kann man dann für die Ernte im Herbst im August aufs Beet pflanzen.

Bohnen regelmäßig pflücken

Busch- und Stangenbohnen sollte man jeden zweiten bis dritten Tag durchpflücken. Die jungen, zarten Hülsen sind besonders lecker. Die Bohnenhülsen sollten noch keine Kernausbuchtungen zeigen. Je regelmäßiger man erntet, desto größer ist der Ertrag. Bohnen immer beidhändig pflücken, eine Hand am Stiel und eine an der Bohnenhülse, sonst reißt man leicht den ganzen Fruchtstand ab.

Bohnen immer mit zwei Händen pflücken, sonst reißt man leicht den ganzen Fruchtstand ab.

Tomaten ausgeizen

Wenn Tomaten ungehindert wachsen, kann schnell ein Dschungel aus Trieben entstehen, dessen Früchte nicht genug Licht zum Ausreifen haben und der unnötig viel Wasser und Nährstoffe braucht. Man entfernt deshalb regelmäßig alle jungen Seitentriebe, die aus den Blattachseln sprießen, noch im Anfangsstadium. Nur schwachwüchsige Buschtomaten und Hängetomaten für Ampeln kann man ungehindert wachsen lassen.

Pflanzenschutz: bei Tomaten auf Braunfäule achten

Anzeichen für diese Pilzkrankheit sind graubraune Flecken, die zuerst vor allem an den unteren Blättern der Pflanzen auftreten, später wird die ganze Pflanze befallen, auch die Früchte. Befallene Blätter immer gleich ent-

Bei Tomaten regelmäßig die Seitentriebe in den Blattachseln entfernen.

fernen und entsorgen. Nicht auf das Laub gießen, eventuell für Regenschutz über den Pflanzen sorgen.

Kräuter-Tipps
- Zitronenmelisse zurückschneiden, bevor sie Blüten ansetzt. Dann kann man bald wieder frisch ausgetriebene Blätter ernten.
- Petersilie aussäen. Sie hat einen hohen Wärmebedarf und keimt jetzt schnell. Dabei auf gleichmäßige Bodenfeuchtigkeit achten!
- Borretschblüten verzieren Salate und Suppen und sind in Eiswürfeln eingefroren eine tolle Deko für sommerliche Mixgetränke.
- Stecklinge von Kräutern wie Bergbohnenkraut, Salbei oder Rosmarin schneiden zum Vermehren der Pflanzen.

Alte Geräte, neuer Nutzen
Alte, mit Rostpatina versehene Gartengeräte wie Handschaufeln, Harken oder Rechen kann man einen zweiten Nutzen geben. Aus der Harke wird eine Hakenleiste, das Schaufelblatt der Handschaufel kann z. B. als Basis für ein persönliches Namensschild auf dem Hochbeet dienen. Wenn im eigenen Gartenschuppen alles zu neu ist, kann man in Opas Laube oder auf dem Flohmarkt danach suchen.

Eine alte Harke wird hier als Hakenleiste für Handgeräte und Schere genutzt.

Jetzt genießen

Zucchini-Tomaten-Currry
Für 4 Personen

Zutaten:
750 g Zucchini
3 Schalotten
2 Knoblauchzehen
400 g Tomaten (frisch oder aus der Dose)
2–3 EL Olivenöl
1–2 TL Curry
¼ l trockener Weißwein
2 EL Gemüsebrühe-Pulver
1 EL Aprikosen- oder Quittenkonfitüre
abgeriebene Schale einer Bio-Zitrone

Zubereitung:

Zucchini waschen und in kleine Würfel schneiden, Schalotten und Knoblauch schälen und fein hacken. Frische Tomaten kurz in kochendes Wasser tauchen, enthäuten und das Fruchtfleisch in Würfel schneiden (Dosentomaten würfeln).

Öl in einer Pfanne erhitzen, Curry kurz anrösten und Zucchini, Schalotten und Knoblauch darin andünsten. Wein angießen, Gemüsebrühe-Pulver zufügen und alles gut umrühren. Etwa 10 Minuten köcheln lassen, dann die Tomaten zugeben und weitere 5 Minuten garen. Mit Zitronenabrieb und Konfitüre abschmecken. Als Beilage dazu passt Basmatireis. Das Curry lässt sich auch gut einfrieren.

Gurken-Carpaccio mit Forellen-Mousse

Für vier Personen

Zutaten:
200 g Räucherforelle
1 EL fein gehackter Dill
1 TL Zitronensaft
1 TL Olivenöl
80 g Crème fraîche
Salz, Pfeffer
2 kleine Salatgurken
100 ml Olivenöl
40 ml weißer Balsamico-Essig
1 Prise Zucker
2 EL Gemüsebrühe
Pfeffer

Zubereitung:
Die Forellenfilets mit Dill, Salz, Zitronensaft, Crème fraîche und Olivenöl pürieren und 20 Minuten kühl stellen. In der Zwischenzeit Gurken fein hobeln und die Scheiben auf einem flachen Essteller fächerförmig auslegen. Aus Öl, Balsamico, Zucker, Gemüsebrühe und Pfeffer eine Vinaigrette zubereiten und mit einem Pinsel auf die Gurken streichen. Von dem Forellenmousse mit einem Esslöffel pro Teller 3 Nocken abstechen und auf den Gurkenscheiben anrichten.

Das kleine Kräuterrezept: Kapuzinerkresse-Butter

6 fein geschnittene Kapuzinerkresseblätter und 15 Kapuzinerkresseblüten unter 250 g zimmerwarme, aufgeschlagene Butter mischen. Mit Meersalz und Cayennepfeffer würzen. In einem Stück Alufolie zur Rolle formen und kühl stellen. Lecker als Brotaufstrich und zu gegrilltem Fisch oder Fleisch. Die Butter lässt sich auch gut als Vorrat einfrieren.

Lecker und dekorativ: aromatische Kräuterbutter mit Kapuzinerkresse.

August

Im August erreicht der Sommer seinen Höhepunkt und es ist Haupt-Erntezeit im Garten – natürlich auch auf dem Hochbeet. Jetzt gilt es, die Früchte der Mühen zu genießen. Der Erntekorb ist stets gut gefüllt: Die Tomaten sind reif, Zucchini und Gurken kann man ernten, Stangenbohnen sind zu pflücken. Aber noch sollte man nicht die Hände ganz in den Schoß legen, denn erste Aussaaten für Herbst- und Winterernte sind möglich.

☾ **Mond-Tipp** Schädlinge wie Blattläuse oder Kohlweißlingsraupen lassen sich an den Tagen vor Neumond erfolgreich bekämpfen.

Extra-Tipp: Die Haupt-Blütenknospe kurz unter dem Blütenstand abschneiden, es bilden sich Seitentriebe und schon etwa 10 Tage später kann erneut geerntet werden. Bei der Pflanzung im Juli in Abständen noch mehrmals bis in den Oktober hinein.

Gemüse des Monats:
Brokkoli *(Brassica oleracea* var. *italica)*

Brokkoli ist das Supergemüse schlechthin, er enthält eine Vielzahl von Vitaminen, Mineralstoffen und sekundären Pflanzenstoffen. Durch die grüne Farbe ist er gesünder als der weiße Blumenkohl. Auf dem Hochbeet kann er, spät gepflanzt, bis in den Herbst mehrmals beerntet werden. Den Brokkoli am besten nur kurz garen, z. B. als Wok-Gemüse.
Kultur: Aussaat im Mai, 1 cm tief in Aussaatschalen, etwa Anfang Juli aufs Beet pflanzen, z. B. nach Frühkartoffeln. Immer gut feucht halten und im August noch mal düngen.
Krankheiten, Schädlinge: Kohlweißlinge, Erdraupen, Weiße Fliege.
Empfehlenswerte Sorten: 'Marathon', 'Calabrese Natalino'.

Erntereif: Blütenstand des Brokkoli.

Jetzt aussäen

- Feldsalat (erstmalig)
- Pflücksalat (letztmalig).

Jetzt ernten

- Busch- und Stangenbohnen
- Gurken
- Mangold
- Paprika
- Rucola (Rauke)
- Salat
- Tomaten
- Winterheckezwiebel
- Kräuter.

Hochbeet-Praxis

Kürbisse trocken lagern

Junge Kürbisfrüchte vertragen Feuchtigkeit schlecht. Um sie vor Fäulnis zu schützen, bettet man die Früchte auf eine Schicht Holzwolle oder einen umgedrehten Tontopf. So wird ein direkter Erdkontakt vermieden, die Früchte verschmutzen nicht, bekommen mehr Sonne und Licht zum Ausreifen.

Gründünger statt Wintergemüse

Wer sein Hochbeet für den Herbst und Winter nicht oder nur teilweise neu bepflanzen möchte, kann anstelle von Feldsalat und Winterportulak auch flächig Gründüngungspflanzen wie Lupinen oder Phacelia einsäen. Die Be-

Jetzt ist Haupterntezeit für saftig-aromatische Tomaten, das Lieblingsgemüse der Deutschen.

Kürbisfrüchte bleiben sauber, wenn man sie z. B. auf einen Tontopf legt.

grünung des Beetes schützt den Boden über den Winter. Lupinen sammeln in den Wurzelknöllchen dazu noch Stickstoff an. Im Frühjahr werden die Reste des Gründüngers einfach in den Boden mit eingearbeitet.

Pflanzenschutz: Kohl vor Raupen schützen

Bei Kohlpflanzen, aber auch bei der Kapuzinerkresse jetzt auf gelbe, gerippte Eigelege des Kohlweißlings achten und seine gefräßigen Larven. Beides von den Pflanzen absammeln und beseitigen.

Kräuter-Tipps

- Kapuzinerkresseblätter und -blüten ernten und als Salatzutat und zur Deko verwenden.
- Lavendel für den Wintervorrat trocknen.
- Nach einem Rückschnitt treiben Minze, Zitronenmelisse und Schildampfer noch mal frische Blätter.

Unterschlupf für Nützlinge

Im Handel gibt es mittlerweile eine Vielzahl von Nützlingsquartieren zu kaufen. Mit wenigen Handgriffen kann man aber auch selbst Unterschlupf oder Brutraum für Marienkäfer, Schlupfwespe, Solitärbiene und Co. basteln. Damit lockt man die nützlichen Insekten als Schädlingsvertilger oder Bestäuber in die Nähe der Gemüsekulturen. Marienkäfer zum Beispiel haben es dann nicht weit, um Blattläuse von den Bohnen zu naschen und Wildbienen bestäuben dann Kürbis oder Zucchini.

Gründüngungspflanzen wie Lupinen geben dem Boden im Herbst und Winter Schutz.

Die Raupen vom Kohlweißling sind auch auf der Kapuzinerkresse zu finden.

- Eine oder mehrere leere Konservendosen lassen sich mit Stücken von hohlen Bambustrieben, Holunderzweigen, Schilfstängeln oder Himbeertrieben füllen. Die Dose mit einer Schraube an der südlichen Stirnseite des Beetes festschrauben. Sie dient z. B. Mauerbienen als Brutstätte.
- Auch Hartholzscheiben (kein Nadelholz verwenden) mit Lochbohrungen von 3 bis 6 mm bieten Unterschlupf und Brutraum für Wildbienen und andere Nützlinge.
- Eine kleine Zigarrenkiste, mit Kiefernzapfen gefüllt und mit einem feinmaschigen Drahtgitter verkleidet, dient Marienkäfern als Unterschlupf vor Fraßfeinden.

Nützlingsquartiere wie dieses kann man mit wenig Aufwand auch leicht selber bauen.

Jetzt genießen

Garten-Gazpacho
Für 4 Personen

Zutaten:
3 große, vollreife Tomaten
1 kleine Salatgurke
1 grüne Paprikaschote
1 Knoblauchzehe
1 EL Olivenöl extra vergine
1 Schuss Sherryessig
Meersalz, Pfeffer, Zucker

Zubereitung:
Die Schale der Tomaten einschneiden, in einer Schüssel kurz mit kochendem Wasser überbrühen, dann die Schale abziehen. Gurke schälen und würfeln, Paprika entkernen und klein schneiden, Knoblauch schälen und klein schneiden. Zutaten zusammen mit dem Olivenöl und dem Essig in einem Mixaufsatz fein pürieren. Mit Salz, Pfeffer und einer Prise Zucker abschmecken. Dann noch so viel Wasser hinzufügen, dass die Gazpacho sich gut trinken lässt. Nochmals durchmixen. Im Kühlschrank kalt stellen und mit Kräuter oder gerösteten Weißbrotwürfeln dekoriert im Glas servieren.

Zucchini-Puffer
Für 4 Personen

Zutaten:
500 g Zucchini
1 mittelgroße Zwiebel
Olivenöl
3 Eier
100 g kernige Haferflocken

50 g Parmesan
Salz und Pfeffer
1 EL Weizenmehl

Zubereitung:
Die Zucchini in feine Streifen raspeln, salzen und nach ein paar Minuten die Flüssigkeit ausdrücken. Fein gehackte Zwiebel, die Haferflocken, den Käse und die Gewürze mit den Zucchiniraspeln gut vermischen. Dann die Eier unterrühren und bei Bedarf ein bisschen Mehl zufügen. In einer Pfanne etwas Öl erhitzen und je einen Esslöffel der Zucchinimasse in das Öl geben, leicht flach drücken und von beiden Seiten knusprig braten.

Das kleine Kräuterrezept: Frittierte Salbeiblätter

Von einem Ei (Größe L) Eiweiß und Eigelb trennen. Aus 125 g Weizenmehl, 125 ml Bier, dem Eigelb und einem EL Öl mit einer Prise Salz einen Teig rühren. Das Eiweiß steif schlagen und vorsichtig unter den Bierteig heben.
24 Salbeiblätter durch den Bierteig ziehen und portionsweise in einer Pfanne in heißem Fett goldbraun ausbacken.
Die frittierten Blätter auf Küchenpapier abtropfen lassen und mit etwas Zitronensaft beträufelt lauwarm servieren. Die Menge reicht etwa für 4 Personen als Mini-Vorspeise zu französischem Baguette und Butter.

Erfrischende Sommersuppe: Garten-Gazpacho mit Tomaten, Paprika und Gurke.

Knusprige Zucchini-Puffer sind schnell gemacht und mit Kräuterdipp besonders lecker.

September

Mit dem Beginn des Septembers ist der Abschied vom Sommer nicht mehr weit. Auf dem Hochbeet kann man jetzt noch einmal aus dem Vollen schöpfen und viele Blatt- und Fruchtgemüse ernten. Gießen ist jetzt oft nur noch vereinzelt nötig, gedüngt wird lediglich der Grünkohl. Bis Monatsmitte kann man noch letzte Aussaaten vornehmen für weitere Ernten im Herbst und Winter.

☾ **Mond-Tipp** Wurzeltage bei abnehmendem Mond eignen sich ganz besonders zum Ansetzen eines Komposthaufens. Dieser wird schneller zu Humus abgebaut.

Gemüse des Monats:
Feldsalat *(Valerianella locusta)*

Feldsalat ist eine wichtige Nachkultur auf dem Hochbeet, von der man oft auch im Winter ernten kann. Die flachen, dunkelgrünen Rosetten liefern leckere Blattsalate mit dem typisch nussigen Aroma und sind winterhart.
Kultur: Aussaat ab Mitte August, ca. 2 cm tief in Reihen säen. Feldsalat braucht mindestens zwei Wochen, bis er keimt; die Erde in dieser Zeit feucht halten. Zu eng stehende Sämlinge auf etwa 6 cm Abstand vereinzeln. Als Schwachzehrer hat Feldsalat keine Düngung nötig. Im Winter mit Vlies abdecken.
Sorten: 'Accent' (robust, tolerant gegen Falschen Mehltau), 'Elan' (mehltauresistent und wüchsig), 'Vit' (raschwüchsig und frosthart).

Krankheiten, Schädlinge: Echter und Falscher Mehltau, resistente Sorten wählen.
Extra-Tipp: Feldsalat nicht bei Frostwetter ernten. Er fällt dann beim Auftauen zusammen.
Empfehlenswerte Sorten: 'Babyleaf', 'Red Salad Bowl', 'Dynamite', 'Fiorella'.

Feldsalat kann man auch im Winter ernten.

Vom Spinat gibt es auch Sorten mit roten Stielen und Blattadern wie 'Reddy'.

Die ersten Hokkaido-Kürbisse sind jetzt bald erntereif.

Jetzt aussäen

- Feldsalat
- Radieschen
- Rucola (Rauke)
- Herbstspinat
- Winterportulak.

Jetzt ernten

- Blumenkohl
- Busch- und Stangenbohnen
- Brokkoli
- Gurken
- erste Kürbisse
- Mangold
- Rucola (Rauke)
- Salate
- Tomaten
- Zucchini.

Hochbeet-Praxis

Saatgut sammeln

Ab September kann man von einigen Gemüse- und Kräuterkulturen selbst Saatgut abnehmen und trocknen für die nächste Gartensaison. Dies ist zum Beispiel bei Salatrauke und Dill möglich, bei Kürbissen und Tomaten oder auch bei Borretsch, Ringelblumen und Kapuzinerkresse. Wichtig ist, dass die Früchte bzw. Samenkapseln an der Pflanze voll ausreifen, bevor man das Saatgut erntet.
Bei Saatgut aus Früchten wie Kürbis oder Tomate sollten die entnommenen Samen mit den anhaftenden Fruchtfleischresten über

Nacht in Wasser gelegt werden. Dann lassen sich die Fruchtfleischreste gut abspülen. Samen anschließend gut trocknen. Die getrockneten Samen hebt man am besten in kleinen Papierumschlägen auf oder in Schraubgläsern. Gleich auch die Pflanzen- bzw. Sortennamen und Erntejahr auf den Tüten vermerken! Bis zum kommenden Frühjahr an einem trockenen und dunklen Platz lagern.

Letzte Aussaaten

Wo auf dem Hochbeet Reihen frei sind, kann man etwa bis Monatsmitte noch Feldsalat und Spinat säen. Die Aussaaten bei sonnigem, trockenem Wetter regelmäßig wässern, damit die Samen auch zuverlässig auflaufen (also keimen). Vor den ersten Frösten die Kulturen mit Vlies abdecken.

Winterportulak mag es kühl

Winterportulak *(Montia perfoliata)*, auch Tellerkraut oder Postelein genannt, keimt erst bei Temperaturen unter 12 °C. Das feine Saatgut nur dünn mit Erde bedecken. Das robuste Kraut mit mild-nussigem Geschmack verträgt Frost bis −20 °C. Es liefert im Winter vitaminreiches Grün für Salate oder als Brotbelag.

Pflanzenschutz: gefräßige Erdraupen

Unregelmäßige Löcher in den Blättern von Kohl oder Salat, dunkle Kotkrümel und weit und breit kein Schädling in Sicht. Dies deutet auf den Befall mit Erdraupen am Gemüse hin. Dabei handelt es sich um die Larven von verschiedenen Eulenfalter-Arten, die nachtaktiv sind. Die Larven lassen sich am späten Abend mit der Taschenlampe absuchen, tagsüber verkriechen sie sich in der Erde.

Saatguternte: **1** Die Samen einer reifen Tomate in einem Glas mit Wasser 2–3 Tage einweichen. **2** Wasser abgießen und die Samen in einem Küchensieb gründlich abspülen. **3** Auf Küchenpapier trocknen lassen und in beschrifteten Tütchen trocken verwahren.

Kräuter-Tipps

- Vor dem Herbstbeginn letzte Kräutervorräte für Tees und zum Würzen trocknen.
- Basilikumpflanzen in Töpfe setzen und für die Weiterkultur im Haus verwenden.
- Schachtelhalm und Rainfarn sammeln und trocknen. Dies dient als Vorrat für Pflanzen-Stärkungsmittel gegen Krankheiten und Schädlinge.

Saatguttüten im Origami-Stil

Zum Lagern oder Verschenken des selbst geernteten Saatguts von Kräutern oder Gemüse kann man mit wenigen Handgriffen diese kleinen Papiertüten im Origami-Stil falten. Verwendet werden hierfür quadratische Notizblattzettel mit einer Größe von etwa 9 × 9 cm. Die Tüten lassen sich mit einer Büroklammer verschließen. Mit Sortennamen und Erntedatum versehen.

Saatguttüten falten: **1** Einen quadratischen Notizzettel diagonal falten. **2** Dann die beiden Spitzen zur Mitte hin falten, sodass sie genau übereinander liegen. **3** Nun die eine Spitze in die Falte der anderen Seite stecken. **4** Dann eine der oberen Blattspitzen nach innen knicken und man hat eine kleine Tüte.

Jetzt genießen

Tomaten-Clafoutis
Für 4 Personen

Zutaten:
70 g Butter
125 ml Milch
4 Eier
Salz, Pfeffer
50 g geriebener Parmesan
100 g Weizenmehl
4 Zweige Basilikum
400 g Cocktailtomaten

Zubereitung:
Die Butter zerlassen. Zusammen mit Milch, Eiern, Salz und Pfeffer mit dem Handmixer verrühren. 40 g Parmesan und das Mehl unterrühren. Basilikum in feine Streifen schneiden und unter den Teig heben. Teig in vier flache, gefettete Auflaufformen (Crème-brûlée-Schälchen) füllen. Die gewaschenen Tomaten auf dem Teig verteilen. Im vorgeheizten Backofen bei 220 °C auf der 2. Schiene von unten etwa 12–15 Minuten backen. Mit dem restlichem Parmesan bestreut servieren.

Nudel-Brokkoli-Pfanne
Für zwei Personen

Zutaten:
125 g Nudeln, z. B. Penne oder Farfalle
250 g Brokkoli
1 Zwiebel
100 g gekochter Schinken
2 EL Öl
125 ml Gemüsebrühe
150 g Cocktailtomaten
75 g geriebener Gratinkäse
Salz, Pfeffer
2 EL gehackte Petersilie

Zubereitung:
Die Nudeln in reichlich Salzwasser bissfest kochen. Den Brokkoli in kleine Röschen zerteilen und in einem Topf mit Dämpfeinsatz ca. 6 Minuten dämpfen.
Die Zwiebel schälen und in feine Würfel schneiden, den Schinken würfeln. Die Petersilie fein hacken. Zwiebeln und Schinken im Öl anbraten. Nudeln und Brokkoli hinzugeben und mit der Gemüsebrühe angießen. Die Cocktailtomaten unterheben, mit Salz und Pfeffer abschmecken und den Gratinkäse darüber verteilen. Deckel auf die Pfanne setzen und bei niedriger Hitze den Käse schmelzen lassen. Mit Petersilie bestreut servieren.

Clafoutis – ein saftiger Tomaten-Auflauf nach französischem Vorbild, ideal als kleine Vorspeise.

Oktober

Auch im Oktober kann es noch sonnige, milde Tage geben, aber auch schon ersten Frost. Auf dem Hochbeet reifen jetzt die letzten Sommergemüse und der letzte Erntehöhepunkt steht mit der Kürbisernte an. Wer einen Frühbeetaufsatz hat, sollte diesen jetzt wieder auf das Beet stellen, um heranwachsendes Herbstgemüse wie Feldsalat und Spinat zu schützen.

☾ **Mond-Tipp** Lagergemüse wie Kürbisse nach Möglichkeit bei abnehmendem Mond ernten. Sie sind dadurch besser haltbar und gesünder in der Schale.

Gemüse des Monats:
Kürbis *(Cucurbita pepo)*

Die dickste Beerenfrucht der Welt enthält viel Betacarotin, Vitamin E, Ballaststoffe und Spurenelemente. Für das Hochbeet eignen sich aus der Vielfalt der Kürbissorten vor allem kleinfrüchtige Sorten, die lange haltbar sind, wie der Hokkaido-Kürbis. Praktisch bei ihm ist außerdem, dass man die dünne, tief orangefarbene Schale mit verwenden kann.

Kultur: Aussaat Mitte April bis Mitte Mai. Pflanzen einzeln in kleinen Töpfen im Haus vorziehen. Saattiefe: 2 cm. Auspflanzen ab Mitte Mai. Regelmäßig mit Pflanzenjauchen oder einem organischen Gemüsedünger düngen, da Kürbisse Starkzehrer sind. Seitentriebe einkürzen, wenn der Wuchs zu mächtig wird.

Krankheiten, Schädlinge: Jungpflanzen und Blüten vor Schnecken schützen.

Empfehlenswerte Sorten: 'Butternut Squash' (birnenförmig, sehr lange haltbar), 'Potimarron' (etwas größere, aromatische Hokkaido-Sorte), 'Ushi Kuri' (Hokkaido-Klassiker), 'Winter Festival' (dekorativ gerippte, gelb-grüne Früchte).

Extra-Tipp: Reife Kürbisse erkennt man daran, dass die Stiele eintrocknen und die Früchte hohl klingen, wenn man darauf klopft.

Hokkaido-Kürbisse kann man lange lagern.

Vitaminspender für den Winter: Die zarten Blätter vom Winterportulak trotzen der Kälte.

Blattsalate können schädliches Nitrat speichern, wenn sie nicht ausreichend Licht bekommen.

Jetzt ernten

- Brokkoli – verträgt etwas Frost, deshalb nicht zu früh vom Beet räumen.
- Feldsalat
- den ersten Grünkohl
- Kürbis
- Winterportulak.

Hochbeet-Praxis

Nitratarmes Gemüse ernten

Gemüsearten, die leicht zu viel Nitrat einlagern, wie Spinat, Rucola (Rauke), Radieschen oder Salat, frühestens am späten Vormittag ernten, dann ist ein Teil des über Nacht eingelagerten Nitrats bereits wieder im Sonnenlicht von der Pflanze weiterverarbeitet worden. Dies ist vor allem im Frühjahr und Herbst wichtig, wenn die Nächte länger sind und die Pflanzen weniger Licht bekommen.

Rhabarber mulchen

Die Blätter des Rhabarbers ziehen oft schon im September ein. Als Starkzehrer brauchen Rhabarberpflanzen viel Nährstoffe. Den Rhabarber im Pflanzkasten der Küchengarten-Box deshalb jetzt mit einer Schicht reifem Kompost mulchen. Diese schützt den Wurzelballen der Pflanze den Winter über vor dem Austrocknen und setzt im Frühjahr Nährstoffe frei für einen guten Wachstumsstart.

Kompost ansetzen

Im Herbst fällt im Garten jede Menge Pflanzenmaterial an. Auf dem Hochbeet haben Zucchini und Kürbispflanzen bald ausgedient. Die Pflanzenreste liefern grob zerkleinert eine wertvolle Basis für neuen Kompost zum Auffüllen des Beetes im Frühjahr. Schneller als in einem offenen Kompostsilo entsteht reife Komposterde in doppelwandigen Thermokompostern aus Kunststoff. Darin zersetzen sich Pflanzenreste bei höheren Temperaturen durch die geschlossene, wärmeisolierte Umgebung schneller.

Hierfür Laub, Pflanzenabfälle, Grasschnitt und Häckselgut von Zweigen und Ästen im Behälter gut mischen. Etwas reifen Kompost oder Gartenerde zusetzen, um den Rotteprozess zu beschleunigen. Es gibt auch fertige Kompostbeschleuniger mit Mikroorganismen und Pilzkulturen zu kaufen, die die Verrottung der Pflanzenabfälle rascher in Gang bringen.

In einem Thermokomposter kann man die Pflanzenabfälle aus dem Hochbeet sinnvoll verwerten und daraus wieder kostbaren Kompost für das Beet gewinnen.

Pflanzenschutz: auf Schneckeneier achten

Im Herbst legen Nacktschnecken ihre Eigelege mit perlweißen, kugelrunden Eiern ab. Findet man diese im Garten oder direkt auf dem Hochbeet, gleich einsammeln und vernichten. Die Schneckenunterschlupf-Bretter auf dem Beet werden auch gern zur Eiablage verwendet und sollten regelmäßig daraufhin kontrolliert werden.

Kräuter-Tipps

- Vor dem Frost letzte Vorräte an Minzeblättern ernten und trocknen.
- Chilipflanzen sind mehrjährig und können in Töpfe gepflanzt in einem hellen, mäßig warmen Platz im Haus überwintern.
- Restliches Basilikum vor dem Frost abernten und zu Pesto verarbeiten.

Kürbisse verzieren

Wie wäre es statt Gruselgesicht mal mit einer schönen Blumenranke auf dem Kürbis? Vom Kürbis einen flachen Deckel abschneiden, die Kerne entfernen und das Fruchtfleisch mit einem Löffel so weit ausschaben, dass etwa eine 2 Zentimeter dicke Wand stehen bleibt. Für das Blattmuster eine Schablone aus dem Bastelbedarf verwenden oder eine Blattranke aus dem Garten. Diese mit Klebefilm auf dem Kürbis fixieren, die Umrisse mit einem Stift nachzeichnen und mit einem Cutter ausschneiden. Um zu verhindern, dass der ausgehöhlte Kürbis schimmelt, ihn innen mit einem Föhn trocknen und mit Haarspray einsprühen. Ein Teelicht in einem kleinen Glaswindlicht bringt den Kürbis zum Leuchten.

Jetzt genießen

Kürbispfanne mit Schafskäse
Für 2 Personen

Zutaten:
400 g Hokkaido-Kürbis
2 kleine Zwiebeln
2 EL Olivenöl
2 Knoblauchzehen
100 g schwarze Oliven, entsteint
100 g Schafskäse
Salz, Pfeffer

Chilischoten können im Haus ausreifen, wenn man die Pflanzen in Töpfe umpflanzt.

Zubereitung:

Den Hokkaido-Kürbis in dünne Spalten schneiden und diese halbieren. Zwiebeln und Knoblauch in feine Scheiben schneiden. Olivenöl in einer großen, beschichteten Pfanne erhitzen, Kürbis darin anbraten, Zwiebeln und Knoblauch zufügen und etwa 10 Minuten bei schwacher Hitze weitergaren, zwischendurch einmal schwenken. Oliven halbieren und zufügen. Mit Salz und frisch gemahlenem Pfeffer würzen und den in kleine Würfel geschnittenen Schafkäse dazugeben. Mit frischen Kräutern wie Petersilie oder auch Schnittlauch bestreut servieren.

Das kleine Kräuterrezept: Herbst-Pesto

Etwa 100 g grob gehackte Gartenkräuter (Zitronenmelisse, Basilikum und Petersilie) mit drei fein gehackten Knoblauchzehen, 100 ml Olivenöl, 50 g gehackten Walnusskernen und 50 g geriebenem Parmesan mit einem Mixstab pürieren. Mit Salz und Pfeffer abschmecken und in ein Schraubglas füllen. Zur besseren Haltbarkeit als oberste Schicht noch etwas Olivenöl einfüllen. Im Kühlschrank aufbewahren. Das Herbst-Pesto schmeckt lecker zu Spaghetti oder auf geröstetem Weißbrot.

Florale Kürbis-Deko: Statt Gruselgesicht schmücken hier Pflanzenranken den ausgehöhlten Kürbis, ein Hingucker für die herbstliche Terrasse. Das Fruchtfleisch für eine wärmende Suppe verwenden.

November

Mit dem bunten Herbstlaub, das von den Bäumen fällt, neigt sich das Hochbeetjahr dem Ende zu. Im November kann es die ersten stärkeren Fröste geben. Was außer Grünkohl noch auf dem Hochbeet wächst, freut sich jetzt über eine schützende Vliesabdeckung. Wichtig: Herbstgemüse nur bei frostfreiem Wetter ernten. Bei günstigem Wetter hat man jetzt Zeit, ein neues Beet zu bauen.

☾ **Mond-Tipp** Die Tage mit Erdnähe oder Erdferne des Mondes gelten als ungünstig für Saat und Pflanzung.

Gemüse des Monats:
Grünkohl *(Brassica oleracea* var. *sabellica)*

Grünkohl gehört zu den Gemüsearten mit dem größten Gesundheitspotenzial. Er enthält viel Vitamin C und K_1 sowie zahlreiche sekundäre Pflanzenstoffe. Darunter den Pflanzenfarbstoff Lutein, der u. a. altersbedingten Augenkrankheiten vorbeugen kann.

Grünkohl schmeckt nicht nur deftig eingekocht. Die jungen Blätter lassen sich auch sehr gut als Salatzutat verwenden. Sie sind im Geschmack ähnlich wie Rucola (Rauke).

Kultur: Aussaat ab Mitte Mai, auspflanzen etwa Mitte Juli bis Anfang August, z. B. als Nachkultur von Kartoffeln. Im September mit einem organischen Gemüsedünger nachdüngen. Ernte im Herbst nach dem ersten Frost, dann ist der Grünkohl milder im Geschmack.

Krankheiten, Schädlinge: Fraßschäden durch Eulenraupen, Mehlige Kohlblattlaus, Weiße Fliege.

Empfehlenswerte Sorten: 'Halbhoher grüner Krauser', 'Lerchenzunge', 'Vitessa'.

Extra-Tipp: Grünkohl kann gut in Mischkultur mit Salat stehen. Dieser ist meist abgeerntet, bevor der Grünkohl den ganzen Platz braucht.

Das fein gekrauste Grünkohl-Laub verträgt Frost.

Jetzt ernten

- Letzten Brokkoli
- Feldsalat
- den ersten Grünkohl
- Herbst-Spinat
- Winterportulak.

Hochbeet-Praxis

Kürbisse richtig lagern

Reife Kürbisse lassen sich nach der Ernte gut mehrere Monate lagern. Zuerst können sie noch als schöne Herbst-Dekoration draußen liegen bleiben, z. B. in einem Korb vorm Hauseingang. Was nach den ersten Frösten noch übrig ist, lagert man am besten kühl in einem ungeheizten Kellerraum oder Wintergarten.

So bringt man Wintergemüse unter die Haube

Frostschutzvliese aus Kunststoff-Fasern schützen die letzten Kulturen auf dem Beet vor eisigen Winden und Frost. Feldsalat, Winterportulak und Winterheckezwiebel können so länger geerntet werden. Das Vlies kann direkt über die Kulturen gelegt und an den Ecken mit Steinen vor dem Wegwehen geschützt werden oder man steckt drei Metallbügel oder Haselnussruten in das Beet und legt das Vlies als Tunnel darüber. Die Enden beiderseits mit Wäscheklammern zusammenhalten.

Kräuter-Tipps

- Salbei, Thymian und Lavendel nicht zurückschneiden, die Triebe schützen den Wurzelbereich vor Frost und man kann auch im Winter noch ernten.

Eine Vlies-Abdeckung auf dem Beet schützt das Wintergemüse vor dem Frost.

Salbeiblätter kann man bis in den Winter hinein ernten, daher nicht zurückschneiden.

- Rosmarin vor Frost schützen, eventuell die Pflanze in einen Topf setzen und im Haus überwintern.

Jetzt genießen

Grünkohl-Lasagne
Für 6 Personen

Zutaten:
1 kg Grünkohl, geputzt
250 g Zwiebeln
2–3 Knoblauchzehen
100 g Pancetta (italienischer Bauchspeck)
2 EL Olivenöl
350 ml Gemüsebrühe
250 g Tomaten oder eine kleine Dose Pizzatomaten
Meersalz, Pfeffer
50 g Butter
40 g Mehl
180 ml Milch
250 g Schlagsahne
Abgeriebene Schale einer Bio-Zitrone
Muskatnuss
9 Lasagneblätter
125 g Bergkäse
150 g Mozzarella

Zubereitung:
Grünkohl waschen, in kochendem Wasser kurz blanchieren und abtropfen lassen. Öl im Topf erhitzen, fein geschnittene Zwiebeln, Knoblauch und Pancetta darin andünsten. Grünkohl zugeben, mit der Gemüsebrühe ablöschen und 30 Minuten zugedeckt köcheln lassen. Die Tomaten unterheben und 15 Minuten offen weiterkochen lassen, bis die Flüssigkeit fast verkocht ist. Mit Salz und Pfeffer würzen. Butter im Topf schmelzen, Mehl unter Rühren hinzufügen und kurz anschwitzen. Milch und Sahne unterrühren, kurz kochen lassen. Zitronenabrieb unter die Béchamelsoße rühren und mit Salz, Pfeffer und Muskat würzen. Rechteckige Auflaufform dünn mit Butter einfetten. 3 Lasagneblätter nebeneinander hineinlegen, die Hälfte des Grünkohls darauf verteilen, 1/3 der Béchamelsoße darüber geben und mit 1/3 des Bergkäses bestreuen. Den Vorgang wiederholen, mit den restlichen Lasagneblättern belegen und die übrige Béchamelsoße darauf verteilen. Mit dem in Scheiben geschnittenen Mozzarella belegen und mit dem Rest des Bergkäses bestreuen. Bei 200 °C im unteren Drittel des Backofens 40–45 Minuten backen.

Würziger Grünkohl ersetzt in diesem Lasagne-Rezept den Spinat.

Dezember

Im letzten Monat des Jahres ist es Zeit, innezuhalten und Bilanz zu ziehen. Was ist besonders gut gewachsen auf dem Hochbeet und hat reiche Ernte gebracht, was war vielleicht nicht so gut? Wer sich Notizen macht, kann im nächsten Jahr besser planen. Bei frostfreiem Wetter kann man noch Feldsalat und Grünkohl ernten. Auch der Bau eines Hochbeetes bietet sich jetzt an, wenn es trocken und nicht zu kalt ist.

☾ **Mond-Tipp** Rückschnitt von Kräutern bei Neumond, dann wachsen sie kräftig und gesund nach.

Gemüse des Monats:
Winterheckezwiebel *(Allium fistulosum)*

Mehr als Schnittlauch, aber doch keine Frühlingszwiebel – die Winterhecke ist etwas ganz Besonderes und sollte auf keinem Hochbeet fehlen. Sie ist die einzige Dauerkultur auf dem Beet und liefert schon früh im Jahr erstes gesundes Zwiebelgrün für Salate, Saucen und Gemüsepfannen. Sie blüht im späten Frühling und bildet in dieser Zeit nur wenig neue Blätter. Die Pflanzen können dann bis in den Winter hinein weiter beerntet werden.

Kultur: Aussaat im Frühjahr, Saattiefe 0,5 cm. Man erntet nur die röhrenförmigen Blätter, auch Schlotten genannt. Die Zwiebeln selbst bleiben im Boden. Im Mai Blütenansätze bis auf wenige ausknipsen, um länger zu ernten. Zu alte Schlotten regelmäßig abschneiden, dann wächst frisches Grün nach. Zwiebelhorste im Frühjahr teilen und neu pflanzen.

Krankheiten, Schädlinge: Falscher Mehltau.

Extra-Tipp: Auch die weißen Blüten sind essbar und eine schöne Dekoration für Salate und Suppen.

Winterheckezwiebeln blühen im späten Frühjahr.

Jetzt ernten

- Feldsalat
- Grünkohl
- Herbst-Spinat
- Winterheckezwiebel
- Winterportulak
- strauchig wachsende Kräuter wie Rosmarin, Salbei und Thymian.

Hochbeet-Praxis

Geräte säubern und pflegen

Am Ende der Gartensaison reinigt man die benutzten Gartengeräte wie Handschaufel, Pflanzgabel, Jätekralle und Schere gründlich. Die Geräte dann mit einem Tuch mit Pflegeöl einreiben, Scheren und Messer schärfen. Danach alles zusammen mit dem übrigen Zubehör wie Pflanzschildern, Pikierstab und Gartenband in einem Korb für das nächste Jahr bereitstellen.

Holzasche als Dünger

Wer einen Kaminofen hat oder anderweitig mit Holz heizt, sollte die anfallende Asche aufheben. Sie ist ein wertvoller Dünger und enthält je nach Holzart bis zu 10 % Kalium und Magnesium, etwa 3 % Phosphor und 20–30 % Kalk sowie einige Spurenelemente.

Das verheizte Holz sollte aber unbedingt unbehandelt sein, also nicht lackiert oder imprägniert. Die Asche mischt man beim Auffüllen des Beetes zwischen den halb verrotteten Kompost oder kann sie z. B. auch Düngerjauchen zusetzen.

Geschenkideen vom Hochbeet

Als Mitbringsel zum Adventskaffee oder kleine Aufmerksamkeit zu Weihnachten kann man aus den Vorräten mit wenigen Handgriffen ein paar Kleinigkeiten selbst machen.

- **Schlechtwetter-Tee:**
  Getrocknete Minze-, Zitronenmelisse- und Süßdoldenblätter grob zerkleinern und in eine hübsche kleine Teedose aus Metall füllen.
- **Chili-Öl:**
  0,5 l Olivenöl in eine schöne Flasche füllen und 5 rote Chilischoten hinzugeben. Fest verkorken und etwa 14 Tage stehen lassen. Die Mischung gelegentlich vorsichtig schütteln. Man kann auch noch Knoblauch und Thymian hinzufügen.
- **Kürbis-Orangen-Chutney:**
  750 g Hokkaido-Kürbis in kleine Würfel schneiden, 3 Orangen schälen und filetieren,

Mit Stahlwolle und Pflegeöl kann man im Winter Gartengeräte wieder fit machen.

dabei den Saft auffangen. 1 Stück Ingwer (ca. 30 g) schälen und fein reiben. Alles zusammen mit 250 g Rohrohzucker, 8 EL Weißweinessig, ½ TL Salz, je 1 Messerspitze Zimt, Piment und Chili vermengt aufkochen und etwa 15 Minuten köcheln lassen. Dabei häufiger umrühren. Noch heiß in saubere Einmach- oder Schraubdeckelgäser füllen und fest verschließen.

Jetzt genießen

Feldsalat mit Birnen und Feigen
Für 4 Personen

Zutaten:
150 g Feldsalat
2 Birnen
4 Feigen
12 Walnusskerne
3 EL Weißer Balsamico-Essig
Salz, Pfeffer
3–4 EL Öl
80 g Parmesanbröckchen

Zubereitung:
Den Feldsalat waschen, putzen und gut abtropfen lassen. Birnen waschen, vierteln, das Kerngehäuse entfernen und in schmale Spalten schneiden. Die Feigen waschen und vierteln. Walnüsse grob hacken. Aus Balsamico, Öl sowie je einer Prise Salz und Pfeffer eine Vinaigrette rühren. Den Feldsalat auf 4 Teller verteilen, Birnen und Feigen darauf anrichten und mit der Vinaigrette beträufeln. Mit Walnüssen und Parmesanbröckchen bestreut servieren. Dazu passt frisches Baguette.

Richtig lecker und ein schönes Gastgeschenk: Kürbis-Chutney mit Orange und Ingwer.

Delikater Wintersalat: Feldsalat, gemischt mit Birnen, Feigen und Walnüssen.

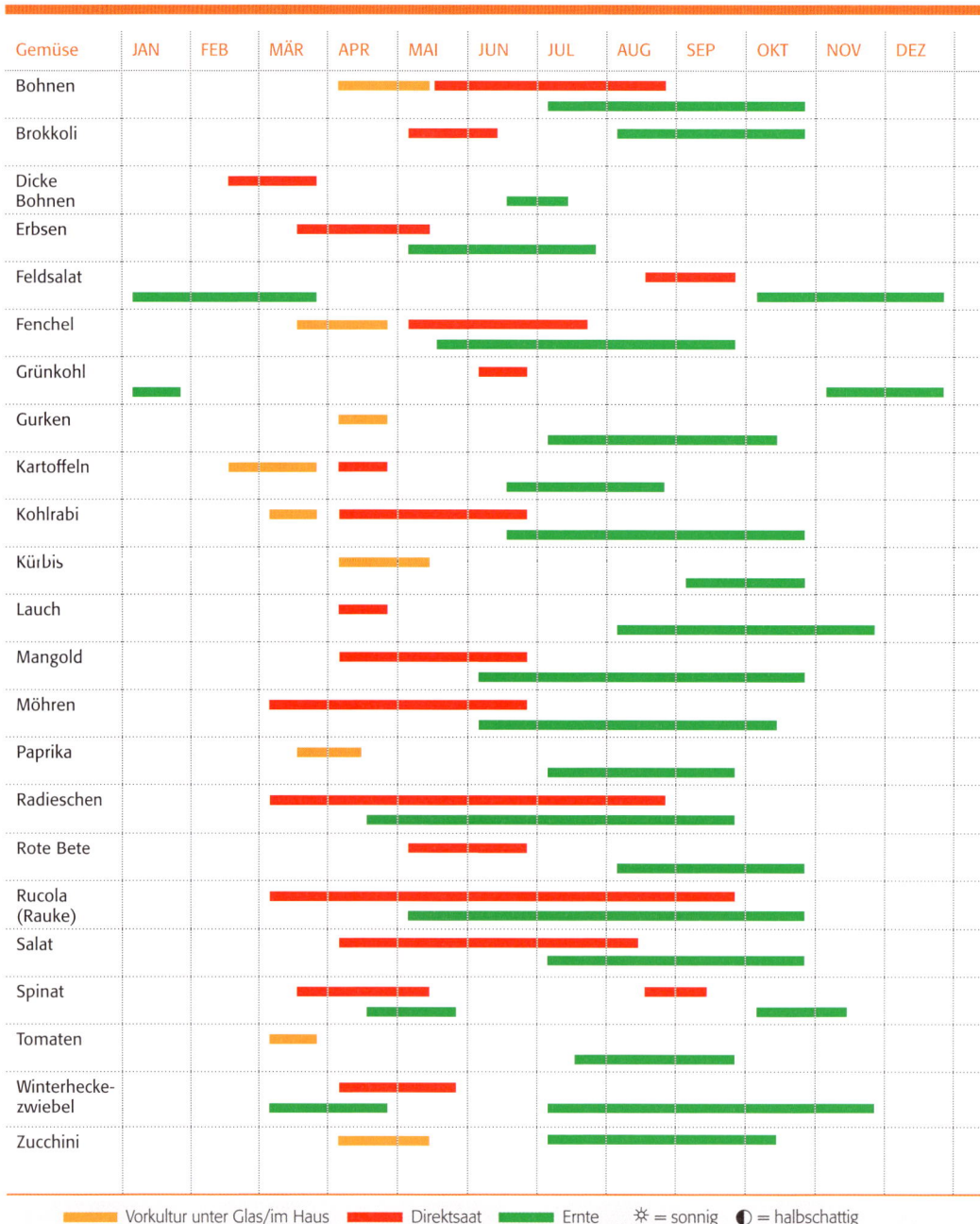

KULTURTABELLE

Standort	Düngerbedarf	Gute Nachbarn	Schlechte Nachbarn
☀	Schwachzehrer	Erdbeeren, Gurken, Kohl, Salat, Rote Bete, Tomaten	Erbsen, Fenchel, Knoblauch, Lauch, Zwiebeln
☀–◐	Starkzehrer	Kartoffeln, Salat	Bohnen, Möhren, Kohl, Radieschen, Spinat, Tomaten
☀–◐	Schwachzehrer	Brokkoli, Kartoffeln, Möhren, Spinat	Bohnen, Erbsen, Fenchel
☀	Schwachzehrer	Fenchel, Gurken, Kohl, Kopfsalat, Möhren, Radieschen, Zucchini	Bohnen, Kartoffeln, Lauch, Tomaten, Zwiebeln
☀	Schwachzehrer	Bohnen, Kohlrabi, Kohl, Lauch, Radieschen, Spinat, Zwiebeln	---
☀	Mittelstarkzehrer	Brokkoli, Feldsalat, Grünkohl, Gurken, Kopfsalat, Kürbisse, Lauch, Spinat, Zucchini	Bohnen, Dicke Bohnen, Tomaten
☀	Mittelstarkzehrer	Bohnen, Erbsen, Gurken, Radieschen, Rote Bete, Salat, Spinat	Kartoffeln, Kohl, Lauch
☀	Starkzehrer	Bohnen, Dill, Erbsen, Fenchel, Kohl, Kopfsalat, Lauch, Rote Bete, Zwiebeln	Kartoffeln, Radieschen, Tomaten
☀	Starkzehrer	Kohl, Kohlrabi, Spinat	Kürbis, Sellerie, Tomaten
☀–◐	Mittelstarkzehrer	Bohnen, Erbsen, Kartoffeln, Kopfsalat, Lauch, Radieschen, Rote Bete, Spinat, Tomaten	Brokkoli, Fenchel, Grünkohl, Zwiebeln
☀	Starkzehrer	Bohnen	Kartoffeln
☀–◐	Starkzehrer	Kohl, Kopfsalat, Möhren, Tomaten	Bohnen, Erbsen, Rote Bete
☀–◐	Mittelstarkzehrer	Kohl, Möhren, Radieschen	Rote Bete, Spinat
☀	Schwachzehrer	Dill, Erbsen, Knoblauch, Lauch, Radieschen, Tomaten, Zwiebeln	Kartoffeln, Lauch, Rote Bete
☀	Mittelstarkzehrer	Basilikum, Kohl, Lauch	Erbsen, Fenchel, Gurken, Kartoffeln
☀	Mittelstarkzehrer	Bohnen, Erbsen, Kohl, Kopfsalat, Möhren	Gurken
☀–◐	Mittelstarkzehrer	Dill, Gurken, Kohlrabi, Kohl, Pflücksalat, Zwiebeln	Spinat
☀	Mittelstarkzehrer	Salat, Zwiebeln	Erbsen, Kresse, Mangold, Spinat
☀–◐	Mittelstarkzehrer	Bohnen, Erbsen, Grünkohl, Gurken, Möhren, Radieschen, Rote Bete, Tomaten, Zwiebeln	Sellerie
☀–◐	Mittelstarkzehrer	Bohnen, Kartoffeln, Kohlrabi, Kohl, Radieschen, Tomaten	Rote Bete
☀	Starkzehrer	Bohnen, Kohl, Kohlrabi	Erbsen, Fenchel, Kartoffeln
☀	Mittelstarkzehrer	Erdbeeren, Dill, Kopfsalat, Möhren, Rote Bete	Bohnen, Erbsen, Kohl
☀	Starkzehrer	Kopfsalat, Lauch, Möhren, Radieschen, Rote Bete, Spinat, Zwiebeln	Gurken, Kartoffeln, Tomaten

Adressen, die Ihnen weiterhelfen

Hochbeete und Frühbeet-Aufsätze

Gärtner Pötschke GmbH
Beuthener Straße 4
41564 Kaarst
Tel.: 0 18 05/86 11 00
www.poetschke.de

Vitavia
E.P.H. Schmidt u. Co. GmbH
Höfkerstr. 30
44149 Dortmund
Tel.: 02 31/9 41 65 50
www.eph-schmidt.de

JUWEL
H. Wüster GmbH
Bahnhofstr. 31
82467 Garmisch-Partenkirchen
Tel.: 0 88 21/7 67 26
www.juwel.com

Emmabeet
Schreinerei Geisl
Petersbergstr. 2
85435 Erding
Tel.: 0 81 22/90 36 26
www.emmabeet.de

Gartenfrosch GmbH
Bierweg 1a
86492 Egling a. d. Paar
Tel.: 0 88 46/9 21 14 40
www.gartenfrosch.com

Beckmann KG
Simoniusstr. 10
88239 Wangen/Allgäu
Tel.: 0 75 22/97 45-0
www.beckmann-kg.de

Österreich

M. Lochboden GmbH
Tröstlberg 35
A-4431 Haidershofen
Tel.: +43 (0) 74 34/4 25 88
www.hochbeet.co.at

Zubehör, Saatgut und Kräuter

Garten und Gabel
Lassdrift 1a
21129 Hamburg
Tel.: 0 40/7 42 86 80
www.gartenundgabel.de
(Bio-Gemüsesaatgut, Gartengeräte)

Staudengärtnerei Bornhöved
Plöner Str. 10
24619 Bornhöved
Tel.: 0 43 23/65 80
www.staudengaerten.de
(Gartengeräte, Gemüsesaatgut, Insektenhotels)

Gartenzauber
Hof Bissenbrook
24623 Großenaspe
Tel.: 0 43 27/1 41 78-0
www.gartenzauber.com
(Saatgut, Gartengeräte, Hochbeet-Bausätze)

Samenshop 24
Kirchdorfer Str. 177
26605 Aurich
Tel.: 0 49 41/97 25 46
www.samenshop24.de
(Gemüse- und Kräutersaatgut)

W. Neudorff GmbH KG
An der Muehle 3
31860 Emmerthal
Tel.: 0 51 55/6 24-0
www.neudorff.com
(Dünger, Insektenhotels, Gartennetze; über den Fachhandel)

Kräuterey Lützel
Im Stillen Winkel 5
57271 Hilchenbach-Lützel
Tel.: 0 27 33/38 46
www.kräuterey-lützel.de
(Kräutersamen und -pflanzen, Gartengeräte)

Samenhaus Müller
Raßdorfer Straße 11
36208 Wildeck-Bosserode
Tel.: 0 72 36/2 47 84 90
www.samenhaus.de
(Gemüse- und Kräutersaatgut)

Ward Gartenbedarf
Ottobeurer Str. 46a
87733 Marktrettenbach
Tel.: 0 83 92/16 46
www.gartenbedarf-versand.de
(Dünger, Gartengeräte, Schutznetze)

Österreich

Windhager Handels-GmbH
Industriestr. 2
A-5303 Thalgau
Tel.: +43 (0) 62 35/6 16 10
www.windhager.eu
(Gartengeräte, Gartenvliese; über den Fachhandel)

Stichwortverzeichnis

*Seitenzahlen mit * verweisen auf Abbildungen,* **fette** *auf Hauptverweise*

Allium fistulosum **87**
Artischocken 32
Aubergine 36, 48, 49

Basilikum 32, 36 f., 42, 48, 51, 74, 80
–, Aussaat 33
-samen 33*
Beinwelljauche 50, 59
Blattläuse 31, 43, 47, 55, 65
Blattsalat 78*
Blumenkohl 54, 60, 72
Bodentemperatur 33
Boden-Thermometer 32*
Bohnen 61*, 90
–, Busch- 48, 54 f., 60, 66, 72
–, Dicke **27**, 32 f., 36, 60, 60*, 90
– ernten 61
–, Stangen- 48, 66, 72
Bohnenblattlaus 27
Bohnenfliege 53
Bohnenkraut 37
–, Berg- 44, 62
Borretsch 72
-blüten 62
Brassica oleracea var.
– *italica* **65**
– *sabellica* **83**
Braunfäule 31, 61
Brennnesseljauche 49, 49*
Brokkoli 48, 54 f., 60, **65**, 65*, 72, 78, 84, 90

Chili 32, 36, 80, 80*
Cucurbita pepo **77**
–, subsp. *pepo* var. *giromontiina* **59**

Daucus carota **35**
Dill 36, 42, 44, 48, 72
Düngen
–, bei Vollmond 41
–, mit Holzasche 88
–, mit Pflanzenjauchen 49

Erbsen 42, **53 f.**, 53*, 60, 90
Erdflöhe 41, 50
Erdraupen 65, 73
Eruca sativa **41**
Eulenfalter 73
Eulenraupen 83

Feldsalat 28, 32, 36, 66, **71 f.**, 71*, 73, 78, 84, 88, 90
–, Vliesabdeckung 82*
Fenchel 90
Florfliegen 55
Fruchtgemüse
– ernten 59
Frühbeet 77
-Abdeckung 13*
-aufsatz 12*
– lüften 41
Frühbeet

Gartengeräte 62, 62*
– reinigen 88, 88*
Gelbe Rübe **35**
Gemüse
– Aussaat 36
– ernten 55
–, nitratarmes 78
– pflanzen 49
–, Spätaussaat 60, 73
–, Vorkultur 32, 32*
–, Winterschutz 84
Gründünger 66, 67*
Grünkohl 28, 32, 54f, 60, 78, **83f**, 83*, 88, 90
Gurken 23, 42, 42*, 48 f., 60, 65 f., 72, 90

Häckselgut 28
Hakenleiste 62, 62*

Hochbeet
– auffüllen 32
– aus Kunststoff-Bausteinen 12*
– aus Lärchenholz 3*
– aus Weidenruten 12*
– aus Zink 13*
–, Fertigmodelle 12
–, als Gestaltungselement 9
–, Materialien 16*
–, Nachhaltigkeit 9
–, Schichtung 11
–, Standort 16
-Tuning 22
–, Umrandung aus Holzhäckseln 28
–, Vorteile 8
– wässern 59
Holzkiste 50*

Insektenschutznetz 50

Jätekralle 43

Kapuzinerkresse 23, 48, 63*, 67, 67*, 72
Kartoffeln 37*, 42, 43*, 60, 60*, 90
– vorkeimen 37
Keimsprossen 28
Keimtest 28
Kerbel 37, 44
Kohl 67, 73
Kohlblattlaus, Mehlige 83
Kohlrabi 23, 42, 48, 54, 61, 90
Kohlweißlinge 65, 67
–, Raupen 67*
Kompost
– ansetzen 71, 78
Kopfsalat 23, 42, **47 f.**, 54
Koriander 42, 48
Kräuter 44*, 66
-Aussaat 44
– ernten 53, 56, 74
– pflanzen 44

–, Rückschnitt 62, 87
-Stecklinge 62
Kräuter-Rondell 10*, 23
–, Bauanleitung 18
Kräutertüten 56, 56*
Krautfäule 31
Kresse 28
Küchengarten-Box 10, 14 ff.
–, Bauanleitung 16
–, Materialien 17
–, Pflanzplan 23
Kürbis 23, 42, 48 f., 48*, 66, 66*, 72, **77 f.**, 77*, 90
– ernten 77
–, Hokkaido- 72*, 77*
– lagern 84
– verzieren 80

Lactuca sativa **47**
Lauch 90
Lauchzwiebeln 60
Lavendel 67, 84
Lichtkeimer 37
Lupinen 67, 67*
Lycopersicon esculentum **31**

Mairüben 61
Mangold 42, 54 f., 54*, 60, 66, 72, 90
Marienkäfer 55, 67
Mehltau 53, 59, 71, 87
Melisse 44
Mini-Gemüsebeet 50*, 51
Mini-Gewächshaus 33
Minze 37, 44, 56, 67, 80
Mischkultur 11, 23
Möhren 23, **35 f.**, 35*, 42, 48*, 54, 60, 90
– vereinzeln 48
Möhrenfliege 35

Nützlinge 43, 55
Nützlingsquartiere 67, 68*

STICHWORTVERZEICHNIS

Obst-Verpackung 33
Oregano 44

Paprika 32, 36, 49, 66, 90
Petersilie 36, 42
–, Aussaat 62
Pflanzenschilder 38
Pflücksalat 23, 36, 47 f., 50 f., 54 f., 66
– Babyleaf' 47*
Pisum sativum **53**

Radieschen 8*, 23, 33, 35 f., 42, 45*, 48, 48*, 51, 54, 60, 72, 90
Rainfarn 74
Rauke 23, 36, 42, 48, 50, 54, 60, 66, 72, 90
–, Salat- **41**, 41*, 51
–, Wilde 41
Rezepte:
 Babyspinat-Salat mit Cranberries 38
 Chili-Öl 88
 Dressing-Trio für grüne Salate 51
 Erbsensuppe mit Minze 56
 Feldsalat mit Birnen und Feigen 89, 89*
 Frittierte Salbeiblätter 69
 Frühlingsquark 45
 Garten-Gazpacho 68, 69*
 Grüner Smoothie 51
 Grünkohl-Lasagne 85, 85*
 Grünkohl-Pasta mit Entenbrust 33
 Gurken-Carpaccio mit Forellenmousse 63
 Herbst-Pesto 81
 Kapuzinerkresse-Butter 63
 Kürbis-Apfel-Suppe mit Ingwer 29
 Kürbis-Orangen-Chutney 88, 89*
 Kürbispfanne mit Schafskäse 81

Marinierte Möhren 57
Minze-Sirup 57
Nudel-Brokkoli-Pfanne 75
Radieschenblätter-Suppe 45
Rhabarber-Süßdolden-Konfitüre 51
Schlechtwetter-Tee 88
Schnelle Spinat-Zitronen-Pasta 44
Tomaten-Clafoutis 75, 75*
Wildkräuter-Pesto 39
Zucchini-Puffer 68, 69*
Zucchini-Tomaten-Curry 62
Rhabarber 42, 48
– mulchen 78
Ringelblumen 48, 72
Rosmarin 37, 62, 85, 88
Rote Bete 42, 90
Rucola 23, 36, **41 f.**, 48, 54, 60, 66, 72, 90

Saatbänder 36, 36*
Saatgut 73*
– sammeln 72
Saatgutbox 28
Saatguttüten 74, 74*
Saattiefe 37
Salat 42, 60 f., 66, 72, 73, 90
Salbei 33, 37, 44, 56, 62, 84, 84*, 88
Schachtelhalm 74
Schildampfer 37, 50, 67
Schlupfwespe 67
Schnecken 37, 47, 59, 77
-abwehrkante 13
–, Eigelege 80
-fraß 27
Schnittlauch 50 f.
Schwebfliegen 55
Solitärbiene 67
Spinat 33, 36, 39*, 42, 48, 73, 88, 90

–, Herbst- 72, 84
– Reddy' 72
Süßdolde 37, 50, 56, 56*

Thermokomposter 79, 79*
Thymian 33, 44, 51, 56, 84, 88
Tomaten **31 f.**, 36, 48 f., 51, 61*65, 66, 66*, 72, 73*, 90
– ausgeizen 61
Tropfschlauch 54*

Unkraut
– jäten 43, 47

Valerianella locusta **71**
Vicia faba **27**
Vliesabdeckung 84

Weiße Fliege 31, 65, 83
Wildbiene 67
Winterheckezwiebel 36, 42, 54, 56, 66, **87 f.**, 87*, 90
–, Blüten 56
Winterportulak 28, 32, 72 f., 78, 78*, 84, 88

Zitronenmelisse 62, 67
Zitronen-Tagetes 37
Zucchini 23, 32, 42, 48, 48*, 49, 54 f., 55*, **59 f.**, 65, 72, 90
-blüten 59*
–, Nässeschutz 55
Zwiebeln 54

Bildnachweis

Alle Fotos von der Autorin, außer:

Alexander Raths – Fotolia: 8
Baumjohann: 79
DLeonis – Fotolia.com: 80
Doris Heinrichs – Fotolia.com: 89o
Flora Press/GWI: 68, 78o
Flora Press/Helga Noack: 43l
Flora Press/Hilde Frey: 81
Flora Press/Meyer-Rebentisch: 86
Flora Press/The Garden Collection/ Torie Chugg: 2/3
Flora Press/Visions: 12r
Francesco83 – Fotolia: 85
IngridHS – Fotolia.com: 69l
keko64/123rf.com: 39
Kitty – Fotolia.com: 29r
margouillat photo – shutterstock: 75
Osterland – Fotolia.com: 61u
scerpica – Fotolia.com: 45
Strauß: 6/7
Thomasklee – Fotolia.com: 63
vanillaechoes/123rf.com: 89u
www.emmabeet.de: 13r
www.vitavia.com: 13l

Grafiken: Claudia Schick (nach Plänen der Autorin)

Über die Autorin

Susanne Nüsslein-Müller ist Diplom-Biologin und war viele Jahre Redakteurin bei der Zeitschrift *FloraGarten*. Sie arbeitet seit einigen Jahren als freie Buch- und Magazinautorin. In ihrem Garten am Stadtrand kann sie ihre Leidenschaft für Pflanzen und den Beruf perfekt miteinander verbinden und dokumentiert ihre gärtnerischen Erlebnisse auch gerne mit der Fotokamera. Ein Schwerpunkt ist dabei ihr Küchengarten mit Hochbeeten und Gewächshaus. Daraus fast rund ums Jahr selbst zu ernten und Leckeres zu kochen, ist für die Autorin ein Stück Lebensglück und Unabhängigkeit. Auf ihrer Website: www.ich-bin-im-garten.de schreibt sie regelmäßig in einem Blog darüber.

Impressum

© 2019 GRÄFE UND UNZER VERLAG GmbH, München

Das Werk einschließlich aller seiner Teile ist urheberrechtlich geschützt. Jede Verwertung außerhalb der engen Grenzen des Urheberrechtsgesetzes ist ohne Zustimmung des Verlags unzulässig und strafbar. Das gilt insbesondere für Vervielfältigungen, Übersetzungen, Mikroverfilmungen und die Einspeicherung und Verarbeitung in elektronischen Systemen.

Umschlagfotos:
Vorderseite:
    mauritius images/Garden World Images
Rückseite:
    links: Alexander Raths – Fotolia
    rechts: Susanne Nüsslein-Müller

Lektorat: Dr. Thomas Hagen
Herstellung: Angelika Tröger
Layout/DTP: Uhl + Massopust, Aalen

Gedruckt auf chlorfrei gebleichtem Papier

Druck und Bindung: Livonia Print, Lettland
ISBN 978-3-8354-1549-2

5. Auflage 2021

Hinweis
Das vorliegende Buch wurde sorgfältig erarbeitet. Dennoch erfolgen alle Angaben ohne Gewähr. Weder Autorin noch Verlag können für eventuelle Nachteile oder Schäden, die aus den im Buch vorgestellten Informationen resultieren, eine Haftung übernehmen.

DIE KÖNNTEN SIE AUCH INTERESSIEREN.

ISBN 978-3-8354-1353-5

ISBN 978-3-8354-1604-8

ISBN 978-3-96747-1615-4

ISBN 978-3-8354-1458-7

ISBN 978-3-8354-1154-8

ISBN 978-3-8354-1479-2

Mehr von BLV auf **www.blv.de**